Le livre des démons, vol. 01

Traduction :
Masaya Morita

Adaptation graphique :
Komikku éditions

ISBN : 978-2-37287-466-3
Dépôt légal : mai 2019
Achevé d'imprimer en France par Aubin Imprimeur, Ligugé

www.komikku.fr

JE NE VOUS DÉRANGE PAS ?
NON.
TRÈS BIEN.
CETTE LIBRAIRIE EST SPÉCIALISÉE EN LIVRES ANCIENS, N'EST-CE PAS ?
JE RECHERCHE UN BOUQUIN EN PARTICULIER.
...
LIBRAIRIE MONONOBE
QU'EST-CE QUE VOUS CHERCHEZ AU JUSTE ?
LE LIVRE DES DÉMONS 1 FIN

LE LIVRE DES DÉMONS

1

KONKICHI

SOMMAIRE

Chapitre 01	Disparitions mystérieuses	003
Chapitre 02	Disparition d'objet	055
Chapitre 03	Disparitions d'hommes	089
Chapitre 04	Disparition de démon	123

MON... MONSIEUR L'OFFICIER...
ELLE EST VRAIMENT MORTE ?
EUH... OUI...
JE LE CRAINS...
C'EST LE MÊME MODE OPÉRATOIRE QUE LA DERNIÈRE FOIS...
C'EST BIEN MALHEUREUX...

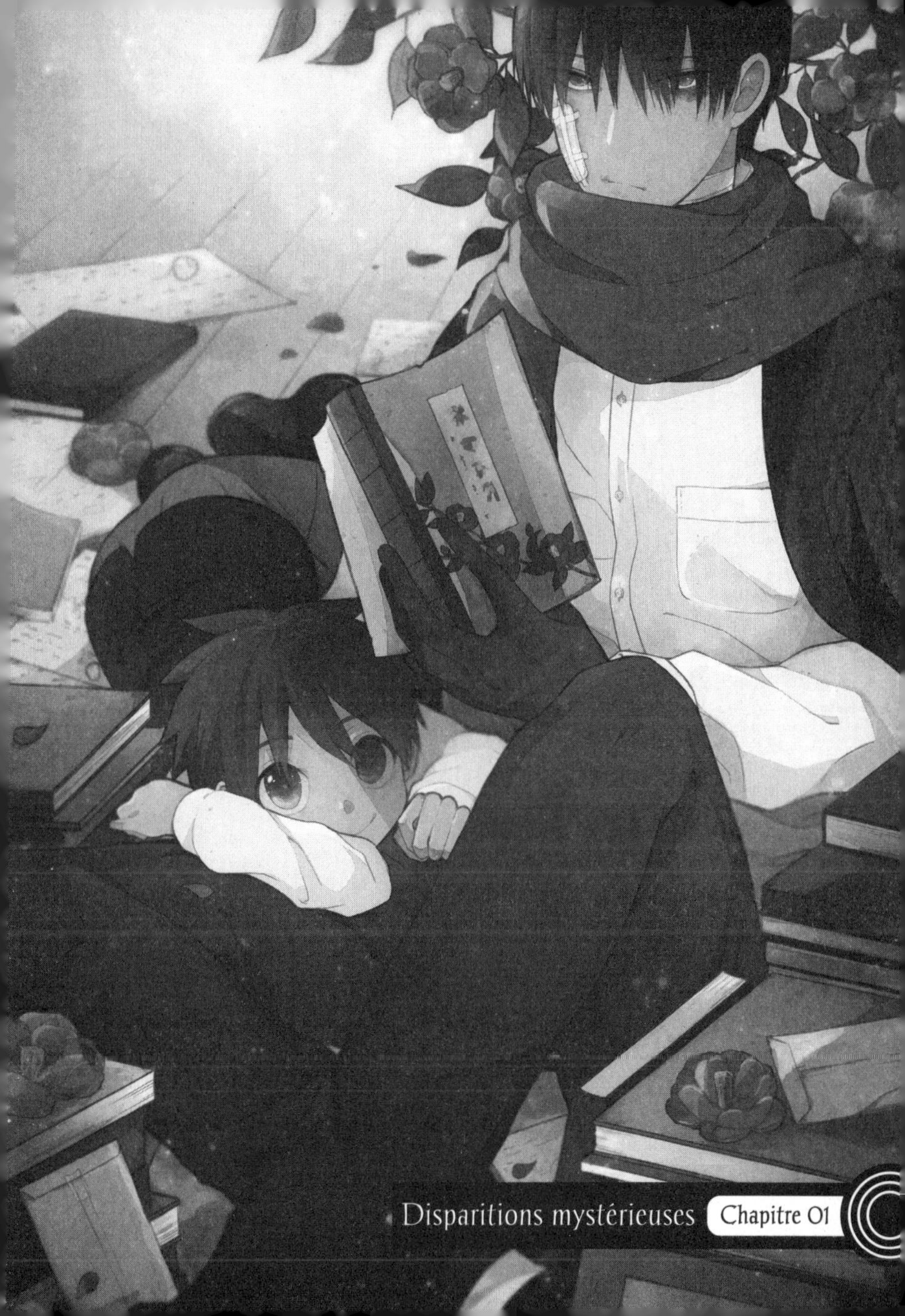
Disparitions mystérieuses
Chapitre 01

LIBRAIRIE MONONOBE
MONSIEUR MONO-NOBE !
MONSIEUR MONO-NOBE !
GLING
GLING
TIENS, PERSONNE ? C'EST ÉTRANGE...
MONSIEUR MONO-NOBE !
FUT
FUT
MON-SIEUR...
AH !
MAIS VOUS ÊTES LÀ !
VOUS POURRIEZ RÉPONDRE QUAND ON VOUS APPELLE !
OH, C'EST TOI, KONDÔ... FAIS MOINS DE BRUIT, TU VEUX.

FANTASTIQUE
REGARDEZ ! C'EST LA NOUVELLE ÉDITION DE MON MAGAZINE !
JE T'EN DONNE CINQ SEN.
C'EST PAS COMME ÇA QUE ÇA MARCHE !
ÇA VAUT PLUS CHER !!
ÇA VOUS DÉRANGE SI JE LAISSE ENCORE QUELQUES PROSPECTUS POUR FAIRE DE LA PUB ?!
JE SUIS LIBRAIRE, JE TE SIGNALE ...
QU'EST-CE QUE C'EST COMME LIVRE ?
OH ! SHIRO !
LIBRAIRIE MONONOBE
MONSIEUR MONONOBE T'OBLIGE ENCORE À BOSSER POUR LUI ?
AH... JE VOIS...
J'ADORE AIDER !
J'AI FABRIQUÉ DES MARQUE-PAGES AUJOURD'HUI !
EN VOILÀ UN POUR TOI ! C'EST POUR AVOIR VENDU TON LIVRE !
MER... MERCI.
FANTASTIQUE
TU SAIS, JE NE SUIS PAS VENU VENDRE DES LIVRES...
IGNORE-LE, SHIRO. IL EST ENCORE VENU RACONTER DES SORNETTES.
SOUVIENS-TOI DE LA MAISON AUX POUPÉES, DU CRI DE LA CHIMÈRE, DU CLAN DES POSSÉDÉS, DU SORCIER, DU DÉMON KASHA QUI COURT LA NUIT DANS LES RUES, DU VILLAGE CACHÉ, DU KAPPA ET DE LA VOYANTE... TOUTES CES HISTOIRES ÉTAIENT FAUSSES.
VOUS AVEZ BONNE MÉMOIRE, DITES DONC...

AC... ACCORDEZ-MOI UN INSTANT !
ぱん
PAM
CE QUE JE VAIS VOUS RACONTER EST BIEN RÉEL ! JURÉ !
T'AS PAS INTÉRÊT À ME SORTIR L'HISTOIRE DU FANTÔME SANS VISAGE OU DU BONZE MARIN.
IL S'AGIT D'UNE VÉRITABLE AFFAIRE ! UNE SÉRIE DE MEURTRES S'EST PRODUITE DE L'AUTRE CÔTÉ DES MONTAGNES DANS LA VILLE D'INAO.
VOUS ÊTES AU COURANT, NON ? C'ÉTAIT DANS TOUS LES JOURNAUX !
JE SAIS PAS. J'EN LIS PAS.
...
DEUX FEMMES ONT ÉTÉ TUÉES CE MOIS-CI.
LE MODE OPÉRATOIRE EST DES PLUS ÉTRANGES !
UN MODE OPÉRATOIRE ÉTRANGE... TU PEUX ÊTRE PLUS PRÉCIS ?
BAM
POUR LES GENS DU COIN, LE RESPONSABLE EST UN OURS OU UN CINGLÉ...
FSH
MAIS EUX N'ONT PAS COUVERT DE NOMBREUSES AFFAIRES COMME JE L'AI FAIT ! MON INTUITION DE TALENTUEUX JOURNALISTE NE ME TROMPE PAS ! C'EST L'ŒUVRE D'UN DÉMON !
FSH
LA POLICE FAIT DE LA RÉTENTION D'INFORMATION ! JE N'EN SAIS FICHTRE RIEN !
LA POLICE FAIT DE LA RÉTENTION D'INFORMATION ! JE N'EN SAIS FICHTRE RIEN !

AU FINAL, JE ME RENDS SUR PLACE LA SEMAINE PROCHAINE, COUVRIR L'AFFAIRE !
NE SOYEZ PAS SURPRIS QUAND VOUS VERREZ L'ARTICLE DU PROCHAIN MAGAZINE !
NE T'EN FAIS PAS...
J'ATTENDRAI SANS GRAND ESPOIR.
IL FAUT COMPTER UNE DEMI-JOURNÉE EN TRAIN...
HUM...
DEUX, TROIS LIVRES SUFFIRONT POUR PASSER LE TEMPS.

AH !
OÙ TU VAS, SHÔTARÔ ?!
TU PARS EN VOYAGE ?!
ÇA NE COÛTE RIEN DE VÉRIFIER, MÊME SI LA SOURCE DES INFORMATIONS EST PEU CRÉDIBLE.
C'EST PEUT-ÊTRE LIÉ À UN "LIVRE DES DÉMONS".
DÉPÊCHE-TOI DE TE PRÉPARER.
FIT
FIT

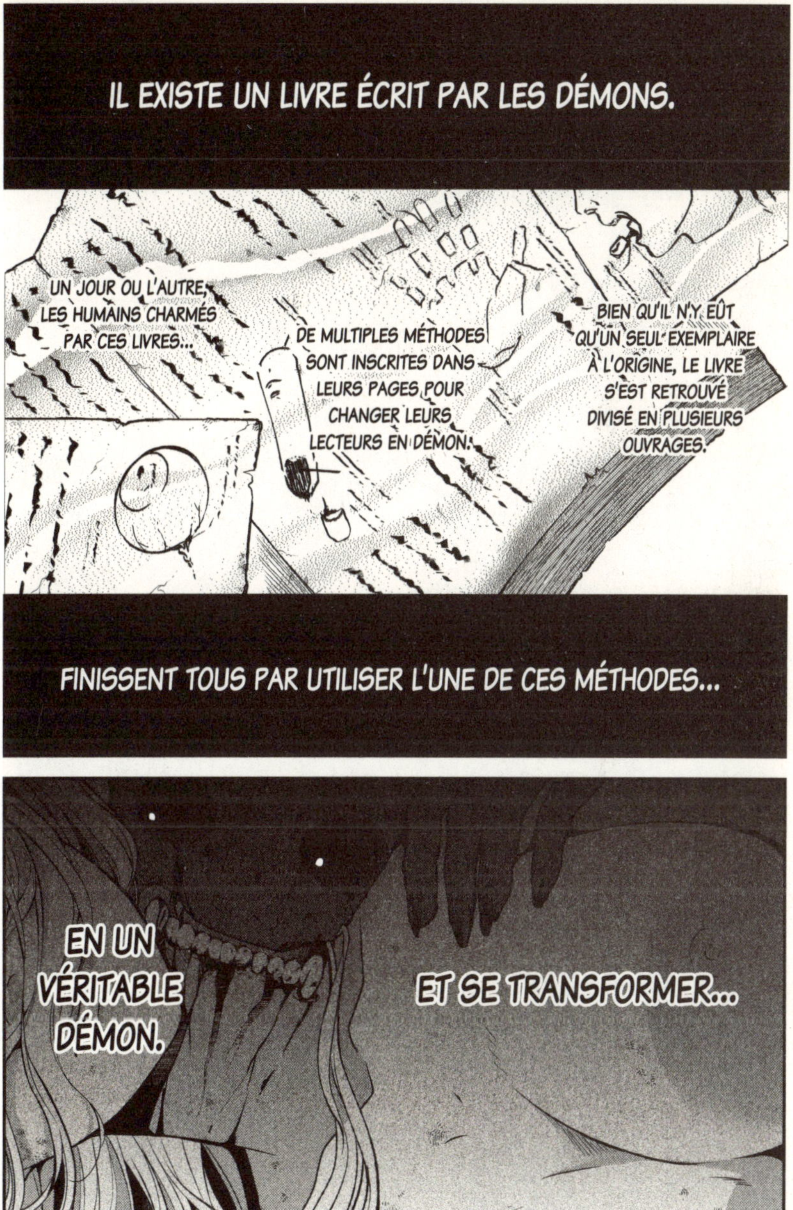
IL EXISTE UN LIVRE ÉCRIT PAR LES DÉMONS.
BIEN QU'IL N'Y EÛT QU'UN SEUL EXEMPLAIRE À L'ORIGINE, LE LIVRE S'EST RETROUVÉ DIVISÉ EN PLUSIEURS OUVRAGES.
DE MULTIPLES MÉTHODES SONT INSCRITES DANS LEURS PAGES POUR CHANGER LEURS LECTEURS EN DÉMON.
UN JOUR OU L'AUTRE, LES HUMAINS CHARMÉS PAR CES LIVRES...
FINISSENT TOUS PAR UTILISER L'UNE DE CES MÉTHODES...
ET SE TRANSFORMER...
EN UN VÉRITABLE DÉMON.

TAGADAM
TAGADAM
AH !
J'EN VEUX, SHÔTARÔ !
TU NE VIENS PAS DE DÉJEUNER ?
SI, MAIS J'AI ENCORE FAIM !
TAGADAM
TAGADAM
MIAM
LES CORPS DES VICTIMES ONT TOUJOURS UN ASPECT ÉTRANGE, LORSQUE LES MEURTRES SONT LIÉS À UN LIVRE DES DÉMONS.
JE NE SAIS PAS GRAND-CHOSE SUR CETTE AFFAIRE, SEULEMENT QU'ELLE POSSÈDE UN CÔTÉ ANORMAL...
FLIP

DEUX JEUNES FEMMES ONT ÉTÉ TUÉES.
SI UN LIVRE DES DÉMONS EST EN CAUSE, JE SAIS AU MOINS QUE LE COUPABLE...
NE S'INTÉRESSE NI AUX HOMMES NI AUX PERSONNES ÂGÉES.
JE N'AI PAS ENCORE SUFFISAMMENT D'ÉLÉMENTS POUR DÉTERMINER AVEC PRÉCISION...
LA SECTION QUI A ÉTÉ LUE.
ZIEUT
PSS
ZIEUT
PSS
INAO
JE SENS LEURS RE-GARDS...
SHÔ-TARÔ !
J'AI FAIM !
AH

OUAF !
OUAF !
UN CHIEN ?
OUAF !
SHÔTARÔ...
OUAF !
TIENS ?
C'EST RARE D'EN-TENDRE TARO-SUKE ABOYER.
OUAF !
CLING
DU CALME, DU CALME.
VOILÀ ! J'AI RACCOURCI SES CHAÎNES. IL NE VOUS MORDRA PAS.
D'HABITUDE, IL RESTE CALME ET N'ABOIE JAMAIS SUR LES ENFANTS.
MER...
MERCI DE VOTRE AIDE.
IL NE DOIT PAS AIMER LES INCONNUS.
CE N'EST RIEN.
NON, NON.
EN CADEAU, UN MARQUE-PAGE !
HA HA ! VOUS AVEZ LÀ UN MIGNON PETIT FRÈRE !

FROCH
FROCH
J'ADORE LES ENFANTS. JE NE M'EN LASSE JAMAIS.
ILS METTENT DU BAUME AU CŒUR.
JE SUIS EN POSTE DEPUIS LE MOIS DERNIER, MAIS LES AFFAIRES DE MEURTRES NE CESSENT DE SE SUCCÉDER...
VOUS M'EN VOYEZ DÉSOLÉ.
AU FAIT, MONSIEUR L'OFFICIER. VOUS CONNAISSEZ UN ENDROIT OÙ S'ARRÊTER POUR LA NUIT ?
OUI, J'EN CONNAIS UN.
MAIS ATTENDEZ...
VOUS COMPTEZ VISITER LES ENVIRONS ?
ZIEUT
ZIEUT
C'EST LOUCHE...
LE TOUT ACCOMPAGNÉ D'UN ENFANT.
JE SUIS VENU ACHETER DES LIVRES ANCIENS.
DITES, MONSIEUR L'OFFICIER.
VOUS AVEZ DÉJÀ ENTENDU PARLER D'UN LIVRE QUI DÉCRIT LES ÉTAPES POUR DEVENIR UN DÉMON ?

QU'EST-CE QUE C'EST QUE ÇA ? ÇA SEMBLE SACRÉ-MENT DAN-GEREUX...
J'AI LU PAS MAL DE LIVRES, MAIS JE N'AI RIEN VU DE TEL.
C'EST UN LIVRE TRÈS RARE ET PRÉCIEUX.
OH, VRAIMENT ?
MERCI POUR L'ADRESSE DE L'AUBERGE.
AU REVOIR !
?
AUBERGE DES FLEURS
BIENVENUE !
C'EST RARE D'AVOIR DES CLIENTS AVEC ENFANT.
JE VOUS EN PRIE. ENTREZ, ENTREZ.

CRI
D'ATROCES ÉVÈNEMENTS SE SUCCÈDENT DANS LE COIN...
CEUX QUI LOGENT ICI SONT SOIT POLICIERS, SOIT CHASSEURS.
COMPRENEZ MA SURPRISE QUAND JE VOUS AI VU ACCOMPAGNÉ DE CE GARÇON.
AU FAIT...
COMMENT AVEZ-VOUS TROUVÉ L'ENDROIT ?
UN OFFICIER DE POLICE NOUS A INDIQUÉ LE CHEMIN.
AH, L'OFFICIER ? C'EST UN HOMME SERVIABLE, N'EST-CE PAS ?
SLURP
IL AIME LES ENFANTS ET EST SI GENTIL...
LE PAUVRE... DEPUIS QU'IL EST LÀ, LES AFFAIRES SE SUCCÈDENT...

VOUS PARLEZ DU MEURTRE DES DEUX JEUNES FILLES ?
OUI...
ELLES AVAIENT À PEU PRÈS LE MÊME ÂGE QUE MES EMPLOYÉES.
CELLES QUI TRAVAILLAIENT À MES CÔTÉS ONT ARRÊTÉ, TANT ELLES ÉTAIENT ANGOISSÉES. JE SUIS DÉBORDÉE DEPUIS...
AH, J'OUBLIAIS ! J'AI D'AUTRES CHAMBRES À PRÉPARER !
PASSEZ UN BON SÉJOUR !
DES FEMMES DU MÊME ÂGE QUE LES EMPLOYÉES DE L'AUBERGE...
DES FEMMES EN ÂGE DE TRAVAILLER...
JE CROIS QU'ON PEUT EXCLURE LES ENFANTS...
IL NE ME RESTE PLUS QU'À TROUVER DES INFORMATIONS SUR LES CORPS...
POUR SAVOIR À QUEL DÉMON J'AI AFFAIRE.

ENFIN... J'AURAIS PU TROUVER LA PERSONNE QUI DÉTIENT LE LIVRE DES DÉMONS BIEN PLUS RAPIDEMENT...
GRR...
SI CET ÉCER-VELÉ AVAIT RASSEM-BLÉ PLUS D'INFORMA-TIONS.
ET IL OSE SE VANTER DE SES TALENTS DE JOURNALISTES...
HÉ HÉ
OÙ EST LE DÎNER, SHÔTARÔ ?
TU NE T'ARRÊTES JAMAIS DE BOUFFER ?
金福屋

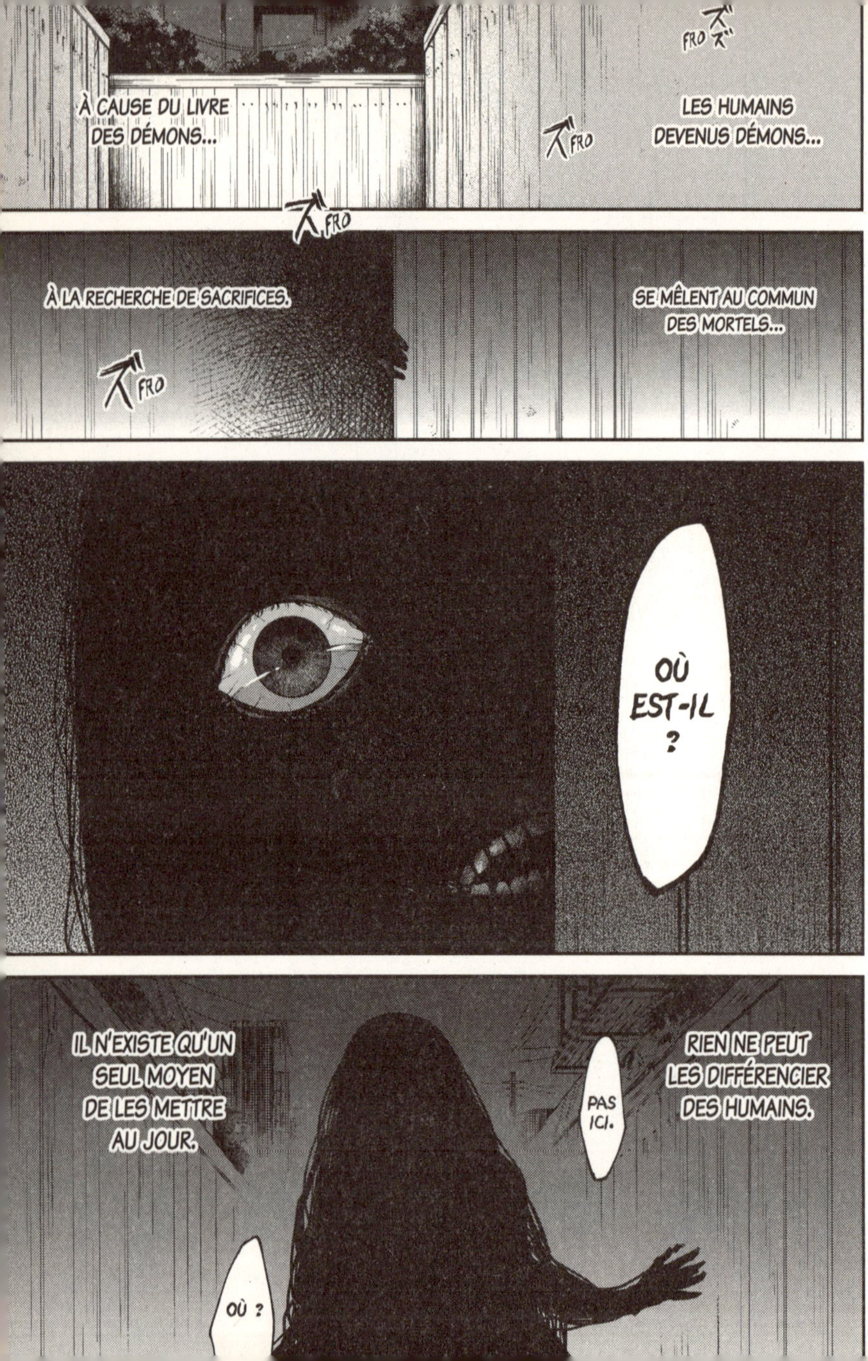
ズズ FRO
LES HUMAINS DEVENUS DÉMONS...
ズ FRO
À CAUSE DU LIVRE DES DÉMONS...
ズ FRO
SE MÊLENT AU COMMUN DES MORTELS...
À LA RECHERCHE DE SACRIFICES.
ズ FRO
OÙ EST-IL ?
RIEN NE PEUT LES DIFFÉRENCIER DES HUMAINS.
PAS ICI.
IL N'EXISTE QU'UN SEUL MOYEN DE LES METTRE AU JOUR.
OÙ ?

J'EN SAIS RIEN !
FOUTEZ-MOI LE CAMP !
AUCUNE IDÉE, DÉSOLÉ.
VOUS N'ÊTES PAS D'ICI, PAS VRAI ?
VOUS FERIEZ MIEUX DE RENTRER CHEZ VOUS.
TOUS AUSSI FROIDS LES UNS QUE LES AUTRES...
C'EST COMPRÉHENSIBLE, VU LES ÉVÉNEMENTS. PERSONNE NE VEUT PARLER À QUELQU'UN QUI CHERCHE UN LIVRE AUSSI ÉTRANGE.
MIAM MIAM
QUAND EST-CE QU'ON DÉJEUNE, SHÔTARÔ ?
QU'EST-CE QUE T'AS DANS LA BOUCHE ?
UN MANJÛ ! MAIS CE N'EST PAS UN VRAI REPAS !
LA FERME !
TAP TAP TAP TAP TAP

MON FILS !!
TCHAC
MON...
QU'EST-CE QUE...
FILS...
SHÔTARÔ...
NON, CE N'EST PAS TOI...
OÙ ES-TU...
MON GARÇON ?
OÙ ES-TU ?

C'ÉTAIT QUI CELLE-LÀ ?
MON MANJÛÛÛ !
SHÔTARÔÔÔ !
RIEN DE CASSÉ ?
CETTE FEMME N'A PLUS TOUTE SA TÊTE, DEPUIS QUE SON FILS EST MORT LE MOIS DERNIER.
OUBLIEZ CE QUI VIENT DE SE PASSER.
ELLE PROVOQUE SOUVENT DU GRABUGE, COMME MAINTENANT.
LA DERNIÈRE FOIS, ELLE A AGRIPPÉ UNE FEMME ENCEINTE. ELLE NE CESSE DE CRÉER DES PROBLÈMES...
UNE COÏNCIDENCE ?
SON FILS EST MORT ?
ET TOUT LE MONDE LA LAISSE ERRER LIBREMENT ?
BIEN SÛR QUE NON !
J'AI DEMANDÉ CONSEIL À L'OFFICIER DE POLICE.
MAIS CE DERNIER NOUS A DEMANDÉ DE LA LAISSER TRANQUILLE.
はぁ HA

IL NE VEUT SANS DOUTE PAS ÊTRE MÊLÉ À SES HISTOIRES.
IL A BEAU DIRE QU'IL ADORE LES ENFANTS, ÇA NE L'EMPÊCHE PAS D'ÊTRE GLACIAL PAR MOMENT.
S'IL N'EST PAS LÀ POUR ASSURER LA SÉCURITÉ DE LA VILLE...
COMMENT POURRAIS-JE DONNER NAISSANCE SEREINEMENT À MON ENFANT ?
UN BÉBÉ ? C'EST SUPER !
OUI ! MAIS GARDEZ LE SECRET.
POURQUOI LE CACHER ?
EH BIEN...
J'AI PEUR DE CE QUE CETTE FEMME POURRAIT ME FAIRE, SI JAMAIS ELLE L'APPRENAIT.
N'EN DITES RIEN À PERSONNE, D'ACCORD ?
DEUX PERSONNES ONT DÉJÀ ÉTÉ TUÉES...
LEURS ENTRAILLES ONT ÉTÉ COMPLÈTEMENT ARRACHÉES... PLUTÔT ÉTRANGE COMME FAÇON DE MOURIR...
OUAH ! C'EST TERRIFIANT !

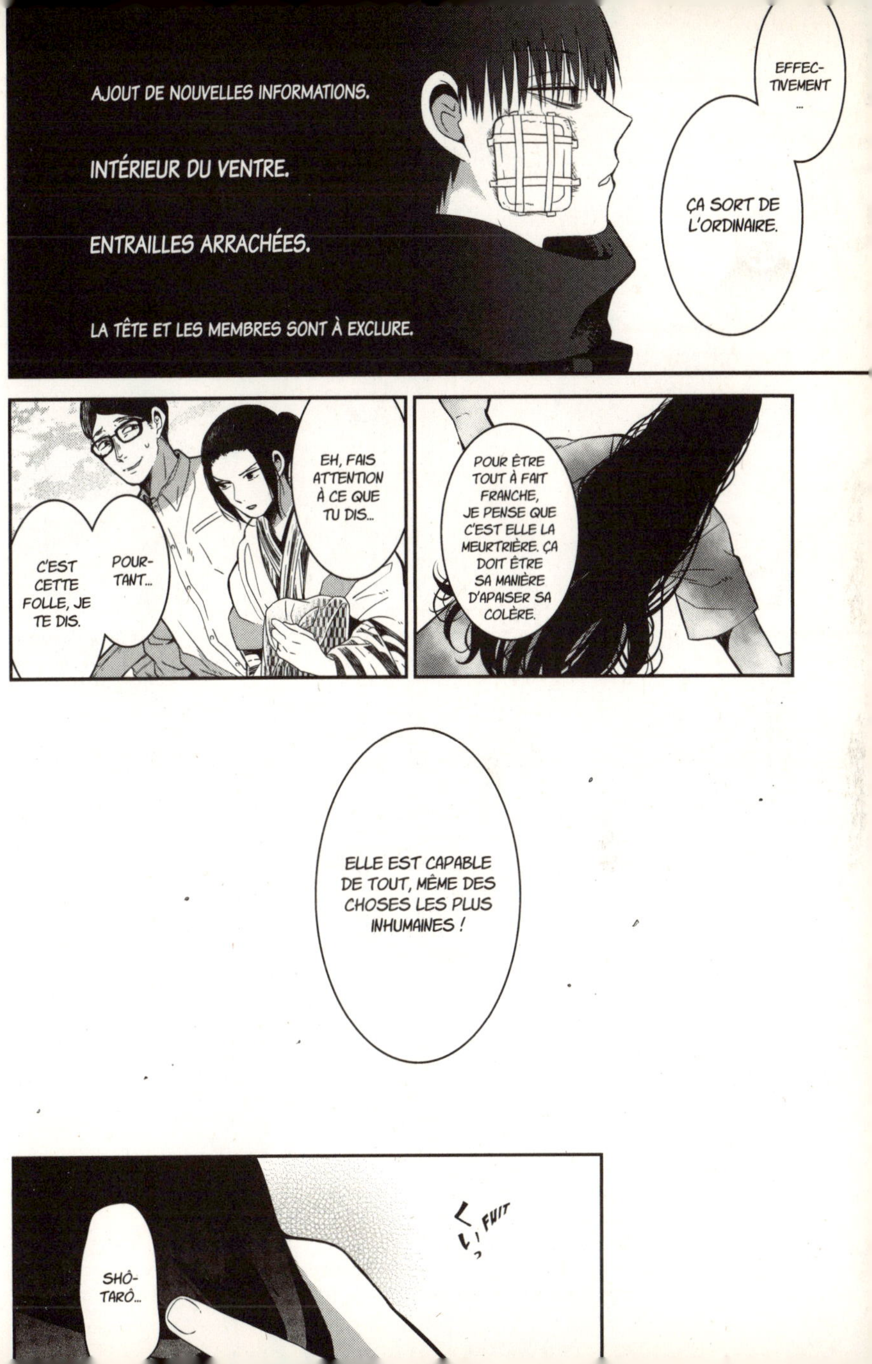
EFFECTIVEMENT...
ÇA SORT DE L'ORDINAIRE.
AJOUT DE NOUVELLES INFORMATIONS.
INTÉRIEUR DU VENTRE.
ENTRAILLES ARRACHÉES.
LA TÊTE ET LES MEMBRES SONT À EXCLURE.
POUR ÊTRE TOUT À FAIT FRANCHE, JE PENSE QUE C'EST ELLE LA MEURTRIÈRE. ÇA DOIT ÊTRE SA MANIÈRE D'APAISER SA COLÈRE.
EH, FAIS ATTENTION À CE QUE TU DIS...
POURTANT...
C'EST CETTE FOLLE, JE TE DIS.
ELLE EST CAPABLE DE TOUT, MÊME DES CHOSES LES PLUS INHUMAINES !
FUIT
SHÔTARÔ...

DES MANJÛ...
QUOI ?
TU VIENS D'EN MANGER UN...
OUIIIN
ZELUI D'ABANT EST TOMBÉ BAR TERRE !!
あ
RAH !
QUEL CASSE-PIED, JE TE JURE !
C'EST FOIS-CI, J'EN VEUX UN GRILLÉ !
LA FERME !
HUM ?
TIENS...

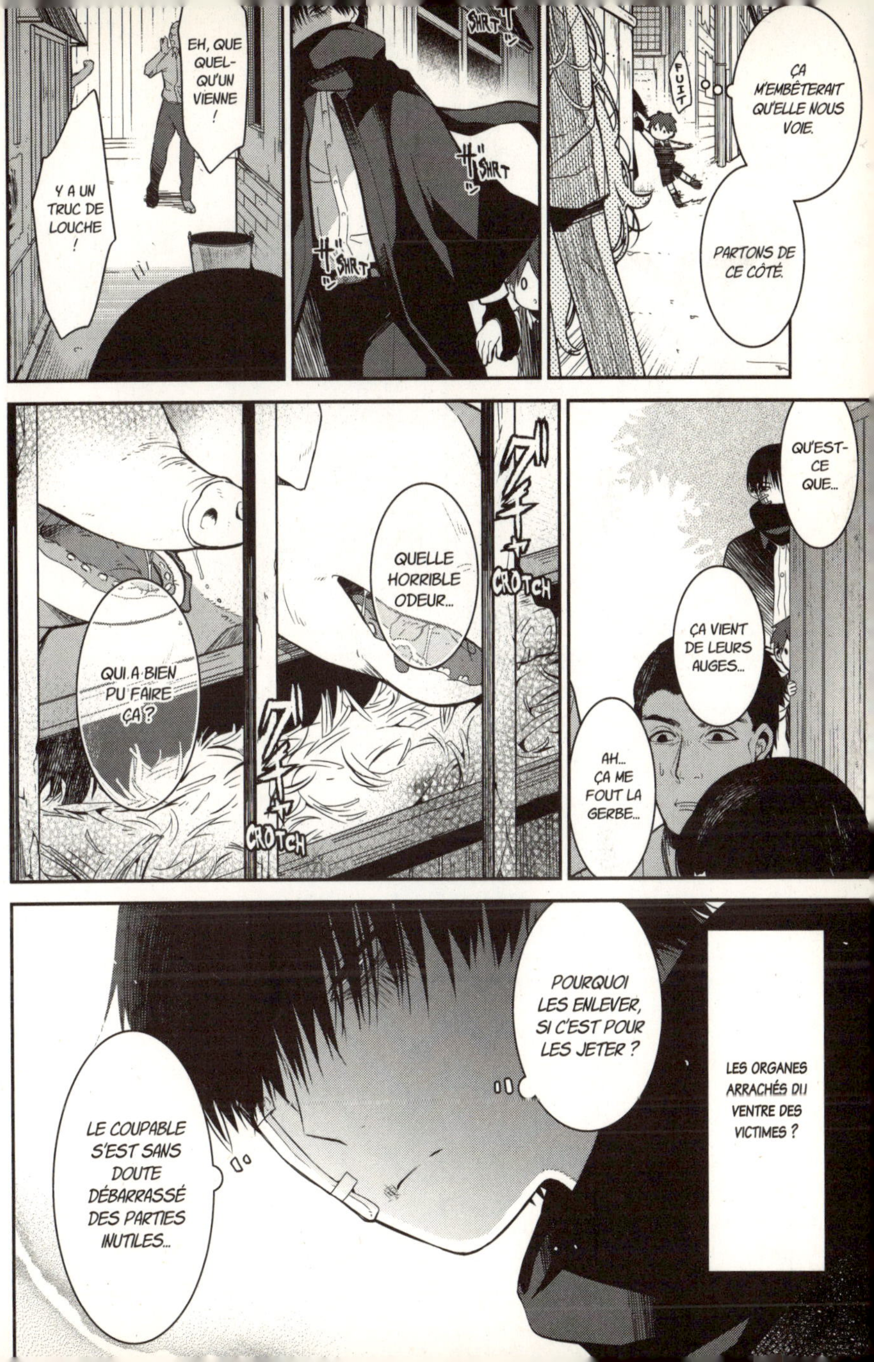
ÇA M'EMBÊTERAIT QU'ELLE NOUS VOIE.
FUIT
PARTONS DE CE CÔTÉ.
SHRT
SHRT
SHRT
EH, QUE QUELQU'UN VIENNE !
Y A UN TRUC DE LOUCHE !
QU'EST-CE QUE...
ÇA VIENT DE LEURS AUGES...
AH... ÇA ME FOUT LA GERBE...
CROTCH
QUELLE HORRIBLE ODEUR...
CROTCH
QUI A BIEN PU FAIRE ÇA ?
LES ORGANES ARRACHÉS DU VENTRE DES VICTIMES ?
POURQUOI LES ENLEVER, SI C'EST POUR LES JETER ?
LE COUPABLE S'EST SANS DOUTE DÉBARRASSÉ DES PARTIES INUTILES...

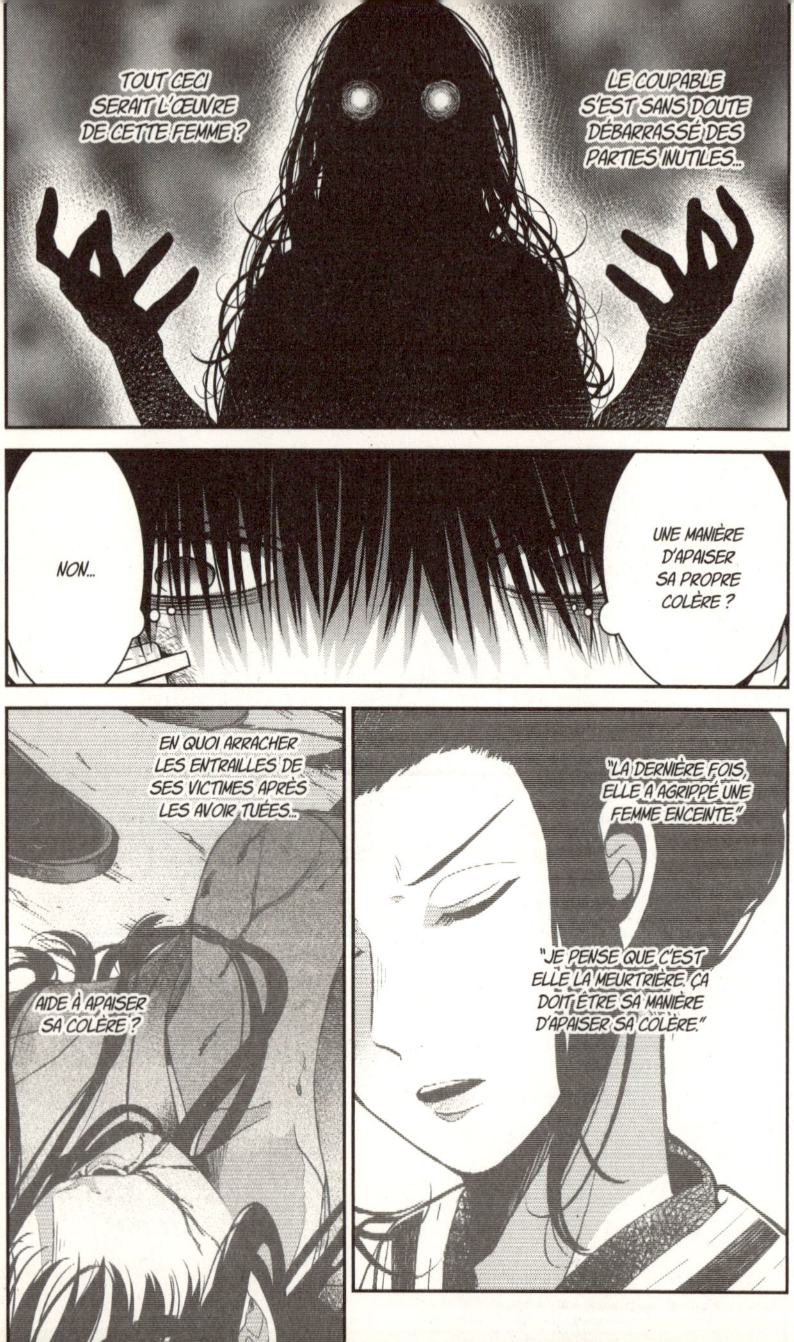
LE COUPABLE S'EST SANS DOUTE DÉBARRASSÉ DES PARTIES INUTILES...
TOUT CECI SERAIT L'ŒUVRE DE CETTE FEMME ?
UNE MANIÈRE D'APAISER SA PROPRE COLÈRE ?
NON...
"LA DERNIÈRE FOIS, ELLE A AGRIPPÉ UNE FEMME ENCEINTE."
"JE PENSE QUE C'EST ELLE LA MEURTRIÈRE. ÇA DOIT ÊTRE SA MANIÈRE D'APAISER SA COLÈRE."
EN QUOI ARRACHER LES ENTRAILLES DE SES VICTIMES APRÈS LES AVOIR TUÉES...
AIDE À APAISER SA COLÈRE ?

SHRT
"J'AI PEUR DE CE QUE CETTE FEMME POURRAIT ME FAIRE, SI JAMAIS ELLE L'APPRENAIT."
CE NE SONT PAS DE SIMPLES FEMMES QUI SONT VISÉES.
AH !
EH, TOI !
OUAH...
CROCH
CROCH
CROCH
SRUCH
LE TOUT À MAINS NUES...
!
C'EST BIEN CE QUE JE PENSAIS !
LA CHAIR PROVIENT DE L'UTÉRUS ET DES ORGANES PÉRIPHÉRIQUES.
LES FEMMES MASSACRÉES ÉTAIENT TRÈS CERTAINEMENT ENCEINTES. ON S'EST DÉBARRASSÉ DE LEUR UTÉRUS.
LEURS FOETUS SONT SANS DOUTE LA VÉRITABLE CIBLE.

ELLE ARRACHERAIT LES ENFANTS DES AUTRES...
POUR APAISER SA COLÈRE, SUITE À LA PERTE DE SON FILS.
C'EST SÛREMENT CE QUE DOIVENT EN DÉDUIRE LES HABITANTS DU COIN.
MAIS MÊME SI ELLE EST CAPABLE D'ÉVENTRER DES FEMMES...
UNE FEMME HUMAINE N'A PAS ASSEZ DE FORCES POUR ARRACHER UN UTÉRUS.
IL N'ARRIVE QUE DES CHOSES TERRIBLES EN CE MOMENT... LA VILLE DEVIENT DANGEREUSE...
TU CROIS QUE LES ENFANTS QUI ONT DISPARU LE MOIS DERNIER ONT FINI DANS LE MÊME ÉTAT ?
LEURS FAMILLES LES CHERCHENT ENCORE.
FAIS ATTENTION À CE QUE TU DIS...
LES ENFANTS ?
LE FILS DE CETTE FEMME N'EST PAS LE SEUL À AVOIR DISPARU ?
MAINTENANT QUE J'Y PENSE... JE N'AI VU AUCUN ENFANT...
DOM...
DEPUIS QUE J'AI MIS LES PIEDS DANS CETTE VILLE.
"D'HABITUDE, IL RESTE CALME ET N'ABOIE JAMAIS SUR LES ENFANTS."
C'EST CE QU'AVAIT DIT L'OFFICIER.

...
ON S'EN VA, SHIRO.
TU VAS M'ACHETER DES MANJÛ ?
ON VERRA ÇA PLUS TARD.
HEEEIN ?!
MON FILS.
MON GARÇON.
NULLE PART...
SHR
MON FILS ?
PAM
...
CE N'EST PAS MOI.
...
OÙ EST-IL ?
MON GARÇON...
PLON
PAS LÀ...

JE NE VOIS AUCUN ENFANT DANS CETTE VILLE.
C'EST LIÉ À LA PERTE DE VOTRE FILS ?
...
DE NOMBREUX ENFANTS ONT DISPARU...
MON FILS EN FAIT PARTIE.
...
C'EST L'ŒUVRE DES DIEUX.
SANS LAISSER LA MOINDRE TRACE.
AUCUN N'EST JAMAIS REVENU.
IL DOIT SÛREMENT AVOIR L'ESTOMAC VIDE ET PLEURER À L'HEURE QU'IL EST...

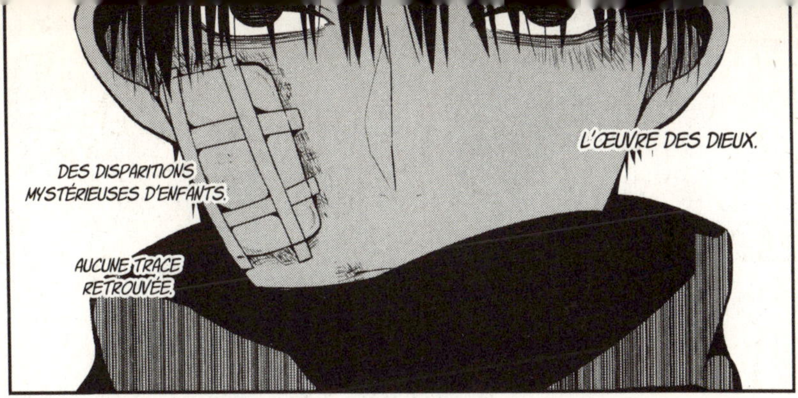

MORTS OU VIVANTS, OÙ SONT PASSÉS CES ENFANTS ?

QU'EST-CE QUI SE PASSE ?
EUH... JE CROIS QU'IL Y A EU UNE AGRESSION...
VOUS N'AVEZ PLUS RIEN À CRAINDRE ! L'ASSOCIATION DES CHASSEURS EST LÀ...
GLA
GLA
GLA
QUI C'ÉTAIT ? QUI VOUS A AGRESSÉE ?
LA FEMME DE TOUT À L'HEURE...
NON ... CE N'ÉTAIT PAS HUMAIN ...
QU'EST-CE QUE C'ÉTAIT ALORS ? UN OURS ?
NON, RIEN DE TOUT ÇA !
C'ÉTAIT QUELQUE CHOSE DE GIGANTESQUE ET DE VISQUEUX !
AVEC UNE ÉNORME BOUCHE ET DES DENTS !
DE NOMBREUSES DENTS !
IL... IL M'A ATTRAPÉ LA JAMBE !
UNE SI GROSSE BÊTE SERAIT APPARUE ICI ?!

IL N'Y AVAIT RIEN SUR LES LIEUX, QUAND LE GROUPE DE CHASSEUR EST ARRIVÉ.
PAS MÊME LA MOINDRE EMPREINTE.
SON IMAGINATION LUI JOUE DES TOURS. ELLE A DÛ CONFONDRE AVEC UN OURS OU UN CHIEN SAUVAGE.
QUOI QU'IL EN SOIT...
ON FERAIT MIEUX DE FAIRE VENIR L'OFFICIER.
AH, JE VAIS ALLER LE CHERCHER.
VOUS FERIEZ ÇA ? ON COMPTE SUR VOUS.
MONSIEUR L'OFFICIER ?

PAM
TIENS ? C'EST VOUS QUE J'AI RENCONTRÉ HIER, NON ?
DÉSOLÉ D'INTER-ROMPRE VOTRE LECTURE.
UN PROBLÈME EST SURVENU ?
NON, CE N'EST RIEN.
MON MARQUE-PAGE...
HEIN ?
VOUS EST UTILE ?
AH, C'EST VRAI...
TCHOC
JE PENSAIS L'AVOIR MIS DANS CETTE POCHE ...
FRSH
TIENS ?
FRSH
PARDONNE-MOI, MON GARÇON.
ÇA NE FAIT RIEN.
JE CROIS BIEN L'AVOIR PERDU PENDANT L'UNE DE MES RONDES...
VOUS DEVEZ ÊTRE DÉBORDÉ AVEC TOUTES CES AFFAIRES.
AU FAIT ...
OH

VOUS ÊTES PLUTÔT POPULAIRE DANS LE COIN.
VOUS ADOREZ LES ENFANTS ET PROTÉGEZ MÊME CETTE FEMME QUI A PERDU LA TÊTE PAR COMPASSION.
QU'EST-CE QUI VOUS PREND SOUDAINEMENT ?
MAIS D'UN AUTRE CÔTÉ, VOUS AVEZ ÉTÉ CLAIR SUR LES DISPARITIONS D'ENFANTS QUI SE SONT PRODUITES EN VILLE...
LES CLASSANT DÉFINITIVEMENT COMME MEURTRES.
QU'EST-CE QUI VOUS A POUSSÉ À CETTE CERTITUDE ?
AH
C'EST QUOI VOTRE PROBLÈME À LA FIN ?
VOUS ÊTES VENUS CRITIQUER MA FAÇON DE TRAVAILLER ?!
NON, ABSOLUMENT PAS... TOUTES MES EXCUSES.
UNE FEMME S'EST FAIT AGRESSER PRÈS DE L'AUBERGE. JE SUIS VENU VOUS RAPPELER SUR LES LIEUX.
RAPPELER ? COMMENT ÇA ?
FRSH
EH BIEN...
VOUS ÉTIEZ DÉJÀ SUR PLACE, NON ?
ALORS POURQUOI ÊTES-VOUS RETOURNÉ AU POSTE ?
LIBRAIRIE MONONOBE

C'EST VOUS LE MEURTRIER. NORMAL QUE VOUS SACHIEZ CE QUE VOS VICTIMES SONT DEVENUES.
DE PLUS, LES GENS VIENNENT VOUS DEMANDER CONSEIL.
C'EST DE CETTE MANIÈRE QUE VOUS APPRENEZ QUI EST ENCEINTE.
VOUS ÊTES LE DÉMON QUI ADORE LES JEUNES ENFANTS.
QU'EST-CE QUE VOUS DITES ?
ÇA N'A AUCUN SENS !
LES HUMAINS QUI ONT POSÉ LES YEUX SUR UN LIVRE DES DÉMONS...
CHANGENT DE NOM POUR CELUI D'UN DÉMON...
ET DEVIEN-NENT À LEUR TOUR UN LIVRE DES DÉMONS ANIMÉ.
UN DÉMON EST INCAPABLE DE MAINTENIR SA FORME HUMAINE...
LORSQU'ON L'APPELLE PAR SON NOM.

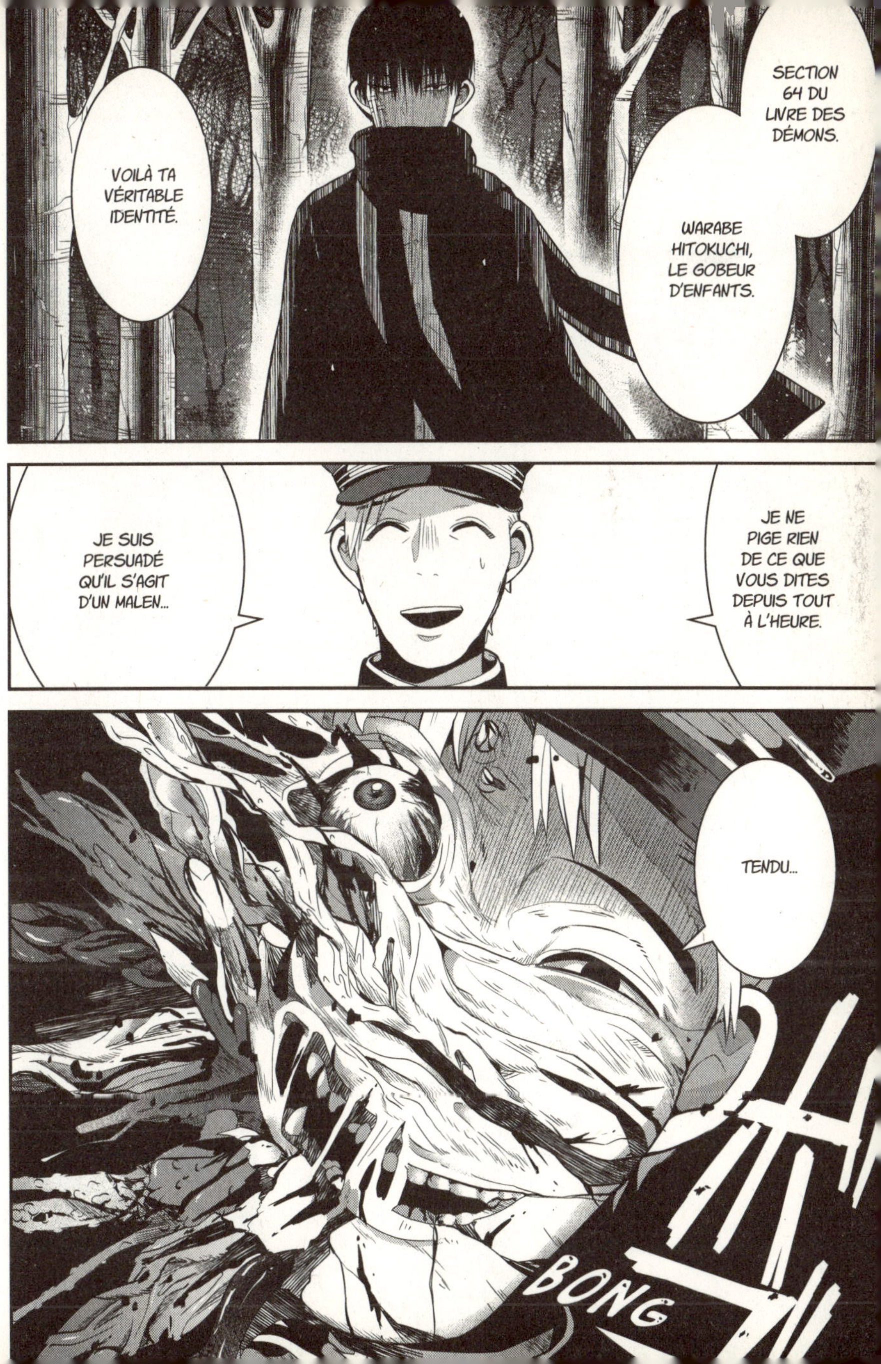
SECTION 64 DU LIVRE DES DÉMONS.
WARABE HITOKUCHI, LE GOBEUR D'ENFANTS.
VOILÀ TA VÉRITABLE IDENTITÉ.
JE NE PIGE RIEN DE CE QUE VOUS DITES DEPUIS TOUT À L'HEURE.
JE SUIS PERSUADÉ QU'IL S'AGIT D'UN MALEN...
TENDU...
BONG

CRAC
CRAC
CRAC
CRAC
CRAC
MI... GNON ...
CRAC
LES EN-FANTS SONT ADO-RABLES !
CRAC
EN VOIR ME MET DU BAUME AU CŒUR !
ILS SONT SI MIGNONS QU'ON EN CRO-QUERAIT !
QUANT À TOI, FAIS-MOI LE PLAISIR ...
BWOSH
DE CREVER !
SBAAM

PAS ÉTONNANT QU'IL NE RESTE AUCUN INDICE...
SI LES DISPARUS SE SONT FAIT AVALER PAR CETTE GRANDE BOUCHE.
BWOSH
!

HUITSCH
BOOM
KOF
IL NE RIGOLE PAS, LUI...
FROOOH...
FOUCH

POM
BORDEL ...
BAM
LES ENFANTS SONT SI MIGNONS !
BAM
BAM
J'ESPÈRE EN VOIR POUR TOU-JOURS !
BAM
ILS MET-TENT DU BAUME AU CŒUR !
BAM

SHÔ...
SHÔTARÔ !!
TAP
UN ENFANT !
GROH
IDIOT !
CET IMBÉCILE...
TSS...
POF
UN ENFANT !
PFIIT
!!
UN ENFANT !

BAM
BEURK !
TU GÊNES, TU GÊNES !
ENFOIRÉ !
MEURS DONC EN PREMIER !
SPLACH
SHÔTARÔ...
...

ARRÊTE TES BOUFFONNERIES ! ÇA EN DEVIENT LASSANT !
TUE-LE ! J'EN AI PLUS RIEN À FAIRE !
TU RÊVES ! HI HI HI !
DES HUMAINS COMME VOUS EN SONT...
INCAPA...

SCHLAK

NON, IMPOSSIBLE...
OÙ EST LE MAL À AIMER LES ENFANTS...
AU POINT DE VOULOIR LES MANGER ?
TOI AUSSI, TU ES UN DÉMON, NON ?!
EN EFFET...
JE SUIS UN DÉMON, TOUT COMME TOI.
!
SEULEMENT, JE ME DOIS DE SUIVRE...
LES ORDRES DE CE TYPE.
POM

SHRT
SURVEILLE TON LANGAGE !
SHRT
SHRT
SHÔTARÔ !
BIEN, IL EST TEMPS DE SERVIR DE SACRIFICE...
À SHINCHÛ, L'INSECTE DIVIN.

SCRACH
FOUCH
FOUCH
IL EST BIEN RECOLLÉ ?
!
KOF
ゴボッ
BEURK
KOF
KOF
PLATCH
PLATCH
MA BLESSURE AU VENTRE NE S'EST PAS ENCORE REFERMÉE...
ARRÊTE DONC DE T'ENTÊTER !

SI TU MANGEAIS LA MÊME CHOSE QUE LES AUTRES DÉMONS...
TES BLESSURES GUÉRIRAIENT INSTAN-TANÉMENT.
...
ÇA NE FAIT RIEN.
FSH
JE PRÉFÈRE LES LIVRES.
MANGER NORMALEMENT ET TENIR UNE LIBRAIRIE DE LIVRES ANCIENS ME SUFFISENT AMPLEMENT.
J'AURAIS PASSÉ MES JOURNÉES À LIRE TRANQUILLEMENT, SI TU N'ÉTAIS PAS VENU ME MENACER.
LE "DÉMON CHASSEUR DE LIVRES". ÇA TE VA À MERVEILLE, SHÔTARÔ.

DÉSOLÉE.
JE N'AI PAS PU VOUS SERVIR LE DÎNER, À CAUSE DES ÉVÉNEMENTS D'HIER.
NE VOUS EN FAITES PAS.
MERCI POUR L'ACCUEIL.
PAF
AH, JE SAIS !
ÇA VOUS DIT DES BOULETTES DE RIZ POUR LE VOYAGE ? TU DOIS AVOIR FAIM, SHIRO.
NON, TOUT VA BIEN !
J'AI LE VENTRE BIEN REMPLI !
TAGADAM
LE LENDEMAIN.
TAGADAM

ON RETROUVA UNE LETTRE DE CONFESSION DES CRIMES QUE L'OFFICIER AVAIT COMMIS...
SUR LE BUREAU QU'IL OCCUPAIT AU POSTE DE POLICE DE LA VILLE.
AINSI LES MEURTRES FURENT RÉSOLUS.
DIS, SHÔTARÔ !
LA LETTRE DE L'OFFICIER EST À QUELQUES EXCEPTIONS PRÈS...
LE MÊME TEXTE QUE CE LIVRE !
UNE COÏNCIDENCE ?
LA FERME.
OUUUUIIIN
MONSIEUR MONONOBE ! MONSIEUR MONONOBE !!
ÉCOUTEZ UN PEU !

LA FERME...
JE SUIS ALLÉ À INAO...
MENER MON ENQUÊTE SUR LES MEURTRES DONT JE VOUS AI PARLÉ.
OUIN
MAIS EN ARRIVANT, ON M'A EXPLIQUÉ QUE L'OFFICIER DE POLICE S'ÉTAIT ÉVAPORÉ...
EN NE LAISSANT DERRIÈRE LUI QU'UNE LETTRE EXPLIQUANT SES CRIMES !
TOUTE MON ENQUÊTE TOMBE À L'EAU !
C'EST UNE BONNE CHOSE QU'ON CONNAISSE LE COUPABLE, NON ?
PAS DU TOUT ! J'ÉTAIS PERSUADÉ QUE C'ÉTAIT L'ŒUVRE DE CHIMIMÔRYÔ, LES MONSTRES DES RIVIÈRES ET DES MONTAGNES.
JE VAIS DEVOIR TROUVER UN NOUVEAU SUJET POUR MES ARTICLES !
SACHEZ QUE JE N'ABANDONNERAI PAS !
JE SUIS SÛR QUE CE MONDE ABRITE DES CRÉATURES EFFRAYANTES ENCORE INCONNUES !
TCHAC
VRAIMENT ?!
HI
HI
HI
EH, OUI ! HÉ HÉ HÉ...
ILS SE TERRENT LOIN DES GENS, LÀ OÙ PERSONNE NE PEUT LES TROUVER...
OOOH !
...

CES CRÉATURES DONT TU PARLES…
VIVENT PLUS PRÈS DES HOMMES QUE TU NE LE CROIS…
HEIN ?
VOUS AVEZ DIT QUELQUE CHOSE, MONSIEUR MONONOBE ?
RIEN D'IMPOR-TANT…

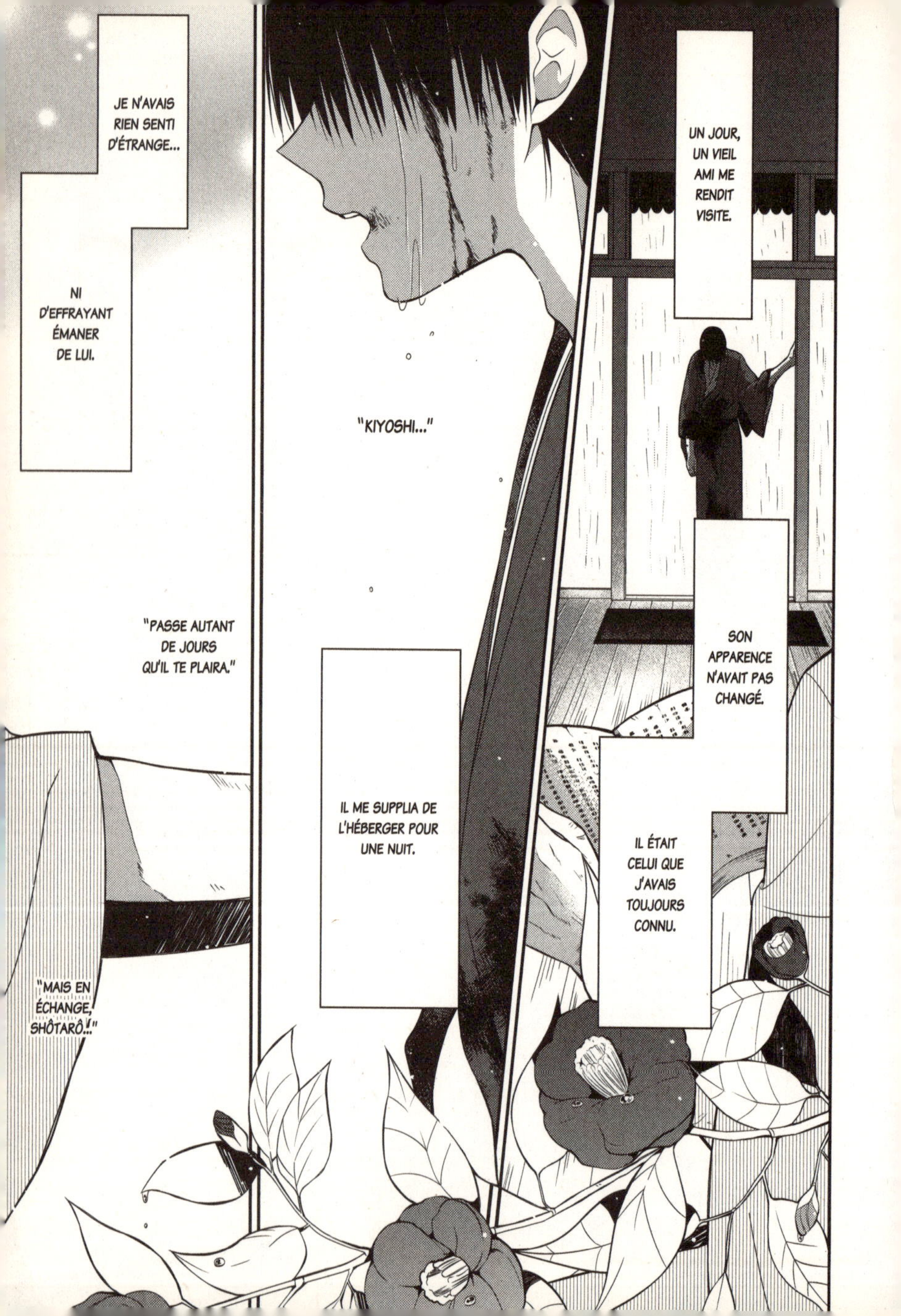
UN JOUR, UN VIEIL AMI ME RENDIT VISITE.
SON APPARENCE N'AVAIT PAS CHANGÉ.
IL ÉTAIT CELUI QUE J'AVAIS TOUJOURS CONNU.
"KIYOSHI..."
IL ME SUPPLIA DE L'HÉBERGER POUR UNE NUIT.
JE N'AVAIS RIEN SENTI D'ÉTRANGE...
NI D'EFFRAYANT ÉMANER DE LUI.
"PASSE AUTANT DE JOURS QU'IL TE PLAIRA."
"MAIS EN ÉCHANGE, SHÔTARÔ...!"

Chapitre 02
Disparition d'objet

…
LIBRAIRIE MONONOBE
ENFIN LE MATIN !
BA ド
BA ド
BA ド
BA ド
BA ド
ド BAM
タ TAP
VLAM バ
SHÔTARÔ !
SHÔTARÔÔÔ ?
ト
タ
TATAP タ
タ

TE VOILÀ !
JE T'AI DÉJÀ DIT D'ARRÊTER DORMIR SUR LE PLANCHER !
HUM ...
DÉPÊCHE-TOI DE PRÉPARER LE PETIT-DÉJ !
BON APPÉTIT !
SHIRO.
EMMÈNE ÇA DANS LA CHAMBRE DE KIYOSHI, TU VEUX.
HEIN ? ÇA PEUT PAS ATTENDRE ?
TOUT DE SUITE !
TCHAC
JE MEURS DE FAIM...
GROUU

SHT
SHT
TU AIDES ENCORE À LA BOUTIQUE, SHIRO ?
OUI !
REGARDE...
LE GÉRANT DE LA LIBRAIRIE NE S'EMBÊTE PAS À FAIRE TRAVAILLER UN ENFANT.
PAUVRE PETIT...
UNE LIBRAIRIE...
DIS-MOI, MON GARÇON.

TU TRAVAILLES DANS CETTE LIBRAIRIE ?
JE CHERCHE UN LIVRE EN PARTICULIER...
SHÔTARÔ ! SHÔTARÔ !
ばんっ
VLAM
GLING カラン
GLING カラン
GLING カラン
GLING カラン
GLING カラン
GLING カラン
V'LÀ UN CLIENT !!
JE N'AI PAS CE QUE VOUS CHERCHEZ !
COMMENT ÇA ? VOUS N'AVEZ MÊME PAS PRIS LA PEINE DE FOUILLER LES ÉTAGÈRES...

LA LIBRAIRIE N'EST PAS ENCORE OUVERTE.
AH...
VOUS SAVEZ, VOUS SAVEZ !
SHÔTARÔ SE SOUVIENT DE TOUS LES LIVRES QU'IL A LUS !
IL A LU TOUS CEUX QUI SE TROUVENT EN RAYON ! LE LIVRE QUE VOUS CHERCHEZ N'EST PAS ICI ! C'EST CERTAIN !
?!
VOUS VOUS SOUVENEZ DE TOUS LES LIVRES DE LA LIBRAIRIE ?!
ÇA VOUS POSE PROBLÈME ?
NON, JE TROUVE ÇA EXTRA-ORDINAIRE.
JE VOUS ENVIE !
...

DÉSOLÉ D'ÊTRE VENU EN DEHORS DES HEURES D'OUVER-TURE.
FAITES-MOI SIGNE, SI JAMAIS VOUS METTEZ LA MAIN DESSUS.
GLING カラン
GLING カラン
QUEL ÉTRANGE CLIENT...
UN CLIENT BIEN ENNUYEUX.
MIS À PART ÇA, TU ES PRÊT À SORTIR ?
TU N'OUVRES PAS LA BOU-TIQUE AUJOUR-D'HUI ?
?
PLUS TARD. JE T'AI PRÉVENU HIER.
ON A DES LIVRES ANCIENS À ESTIMER AUJOURD'HUI.
ÇA PASSE AVANT LE RESTE.
OUAF !

RRR
JE DÉTESTE LES CHIENS !
OUAF !
OUAH !
ON EST AR-RIVÉS.
ELLE EST ÉNORME CETTE BARAQUE !
OH, TE VOILÀ !
BON-JOUR.
TU TE TRAÎNES DE NOUVELLES PLAIES À CHACUNE DE NOS RENCONTRES, DIS DONC.

IMPOSSIBLE DE TOUT EMMENER DANS LA MAISON DE MON FILS.
C'EST PAR ICI.
AU SOUS-SOL ?
!
QUELLE INCROYABLE COLLECTION !
J'AI BIEN PEUR QU'UNE JOURNÉE NE SUFFISE PAS POUR VOUS DONNER UN PRIX...
DES LIVRES À LA PELLE !
HO HO HO !
ÇA M'A PRIS 50 ANS POUR RÉUNIR TOUS CES LIVRES.
PRENDS LE TEMPS QU'IL FAUDRA. JE NE DÉMÉNAGE PAS TOUT DE SUITE.

VOUS ÊTES BIEN MINUTIEUX. VOUS AVEZ TOUT CACHÉ AU SOUS-SOL.
PAS MAL DE MONDE DOIT AVOIR ENVIE DE RACHETER VOTRE COLLECTION, NON ?
C'EST VRAI QUE CERTAINS VIENNENT DE TEMPS EN TEMPS...
AVEC L'IDÉE DE FAIRE UNE BONNE MARGE SUR DES LIVRES RARES.
MAIS CEUX-LÀ, JE LES DÉGAGE DE MA PROPRIÉTÉ AVANT QU'ILS N'AIENT PU POSER LE MOINDRE PIED DANS LA DEMEURE !
HO HO HO !
QUEL VIEILLARD EFFRAYANT !
CES REQUINS QUI NE PENSENT QU'À L'ARGENT NE PEUVENT PAS PASSER CES PORTES SI FACILEMENT.
HUM... C'EST CE QUE VOUS DITES...
MAIS JE NE DIFFÈRE EN RIEN DE CES REQUINS.
MAIS NON, VOYONS.
NOUS SOMMES SEMBLABLES.
JE LE VOIS À TON VISAGE. CE N'EST PAS L'ARGENT QUI T'INTÉRESSE.
HEIN ?
PFF...
FLIP

ARRÊTE TA LECTURE UNE MINUTE, AHURI...
TU COMPRENDS CE QUE JE RESSENS ?
CE SERAIT DU GÂCHIS DE TOUT VENDRE APRÈS AVOIR RÉUNI AUTANT DE LIVRES.
DES CONNAISSANCES DE LONGUE DATE M'ONT OFFERT CERTAINS DE CES LIVRES.
SEULEMENT, MES YEUX NE SONT PLUS CE QU'ILS ÉTAIENT. JE NE RATTRAPERAI JAMAIS LE RETARD.
ぱた PAM
ぱた PAM
ET PUIS... PARMI CETTE MONTAGNE DE LIVRES...
IL Y A CERTAINES ŒUVRES QUI NE ME PLAISENT GUÈRE...
COMME L'HISTOIRE D'UN ENFANT QU'ON ÉLÈVE POUR EN FAIRE UN ESCLAVE, LES NOTES D'UN TUEUR EN SÉRIE, ET D'AUTRES RÉCITS PEU RAGOÛTANTS.
JE CROIS MÊME AVOIR VU UN LIVRE ÉNUMÉRER UNE LONGUE LISTE DE DÉMONS OU JE NE SAIS QUOI.
QUI PEUT BIEN ÉCRIRE CE GENRE DE CHOSES ?

VOUS L'AVEZ LU EN ENTIER ?
NON... SEULEMENT SURVOLÉ...
CE LIVRE T'INTÉRESSE ?
NON, ENFIN...
IL EST SÛREMENT ENCORE QUELQUE PART DANS CETTE PIÈCE.
...
JE PENSAIS QU'IL PARLAIT D'UN LIVRE DES DÉMONS...
MAIS RIEN POUR L'INSTANT.
TIENS ?
C'EST LE LIVRE QUE CHERCHAIT L'HOMME DE CE MATIN...

HUM ...
DÉSOLÉ...
MAIS JE VAIS DEVOIR M'ARRÊTER LÀ AUJOURD'HUI.
OH, JE N'AI PAS VU LE TEMPS PASSER !
EH BIEN, VOUS RENTREZ DÉJÀ ?
JE M'APPRÊTAIS À SERVIR LE THÉ...
J'AI MÊME PRÉPARÉ QUELQUES GÂTEAUX EN ACCOMPAGNEMENT.
VENEZ DONC MANGER UN PETIT BOUT.
J'ARRIVE !
EH !
TCHOC
C'EST TROP BON !
CONTENTE QUE ÇA TE PLAISE.
TU AIDES MONSIEUR MONONOBE DANS SON TRAVAIL, SHIRO ? QUEL BON GARÇON !
JE REÇOIS DE L'ARGENT DE POCHE EN ÉCHANGE !
OOOH !
LE COIN EST DANGEREUX CES DERNIERS TEMPS. FAIS ATTENTION, SI TU SORS AVEC DE L'ARGENT.

DANGEREUX ? COMMENT ÇA ?
OUI... ÉCOUTEZ ...
IL Y A ENVIRON 10 JOURS, PENDANT LA NUIT...
LE CHIEN DE GARDE DES VOISINS S'EST MIS À ABOYER BRUYAMMENT. ÇA M'A FAIT SURSAUTER. IL EST SI CALME D'HABITUDE.
OUAF !
OUAF !
NOS VOISINS SONT ANTIQUAIRES, JE CROIS. JE PENSE QU'UN VOLEUR A VOULU S'INTRODUIRE CHEZ EUX.
UN CHIEN DE GARDE... VOUS PARLEZ DE CE CHIEN NOIR ?
OUI, OUI !
IL M'A AUSSI ABOYÉ DESSUS !
AH BON ?
LEUR CHIEN N'EST PLUS TOUT JEUNE.
LUI NON PLUS NE DOIT PLUS AVOIR TOUTE SA TÊTE.
OOOH... あらぁ…
ATTENDS, COMMENT ÇA "LUI NON PLUS" ?

TSS !
T'AS UTILISÉ CE GAMIN POUR ENTRER ?
CE VIEUX SCHNOCK N'A AUCUNE IDÉE DE LA VALEUR DE CE QUI EST ENTREPOSÉ DANS SON SOUS-SOL.
SINON, IL N'AURAIT JAMAIS VENDU SA COLLECTION À UN GAMIN COMME TOI...
JE VOIS...
C'EST CE GENRE DE TYPE...
QUE LE VIEUX DÉGAGE DE SA PROPRIÉTÉ.
PFF !

VERT
SHT
SHT
MON …
SIEUR …
MONO-NOBE !
TAP
MONSIEUR MONONOBE !
ÉCOUTEZ UN PEU ! J'AI EU VENT D'UNE NOUVELLE AFFAIRE MYSTÉRIEUSE ! ET VOUS SAVEZ QUOI ? ÇA SE PASSE DANS CETTE VILLE !!
JE PARS IMMÉDIATEMENT EN REPÉRAGE ! VOUS VOULEZ EN SAVOIR PLUS ?! VOUS MOUREZ D'ENVIE D'EN SAVOIR PLUS, HEIN ?!

ARGH
PAS VRAIMENT...
VOILÀ CE QUE JE SAIS !!
UN MALADE AGRESSE DES GENS DANS LA RUE DEPUIS UNE SEMAINE.
IL LES FRAPPE SOUDAINEMENT AVEC UNE GROSSE PIERRE OU JE NE SAIS QUOI QUAND ILS ONT LE DOS TOURNÉ.
UN VOLEUR TRÈS CERTAINEMENT, ME DIRIEZ-VOUS...
C'EST CE QUE VOUS PENSEZ VOUS AUSSI, NON ?!
SEULEMENT, LE CRIMINEL N'A VOLÉ AUCUN OBJET DE VALEUR À SES VICTIMES !
ET CE N'EST PAS TOUT ! MON RÉSEAU D'INFORMATEURS M'A APPRIS AUTRE CHOSE !
LES VICTIMES AVAIENT TOUTES UNE CARACTÉRISTIQUE ÉTRANGE EN COMMUN !
C'EST-À-DIRE ?
HA HA ! ÇA VOUS INTÉRESSE FINALEMENT ?!
LES VICTIMES SE SONT RETROUVÉES AVEC LES ONGLES ARRACHÉS ! C'EST ASSEZ BIZARRE, VOUS NE TROUVEZ PAS ?!
HUM...

SHT...
AH !
JE FERAIS GAFFE, SI J'ÉTAIS TOI !
HEIN ? QUOI ?
TES ONGLES SONT TROP LONGS !
MES ONGLES ?
C'EST QUOI LE PROBLÈME ?
TU VAS TE FAIRE ENLEVER PAR LE MONSTRE À CAUSE DE TES ONGLES !
LA NUIT, IL SE BALADE DANS LES RUES ET ATTAQUE SES PROIES QUAND ELLES ONT LE DOS TOURNÉ !
C'EST MON PAPA QU'IL ME L'A DIT !

JE TE JURE QUE C'EST VRAI !
MON PAPA A FAILLI SE FAIRE AVOIR !
MAIS IL A FAIT FUIR LE MONSTRE EN LUI DONNANT UN COUP DE FAUCILLE !
IL EST BALÈZE MON PAPA, PAS VRAI ?!
...
LE MONSTRE RISQUE QUAND MÊME DE REVENIR !
TU FERAIS MIEUX DE COUPER TES ONGLES !
D'ACCORD.
LES ONGLES ?

IL PARAÎT QU'ON LEUR A ARRACHÉ ?
UN DÉMON, TU CROIS ?
PEUT-ÊTRE...
D'APRÈS CE QU'A DIT LE JOURNALISTE SUR LES AGRESSIONS DE RUE...
IL Y A BIEN DANS LE LIVRE DES DÉMONS...
UN MONSTRE QUI CORRESPOND AUX DESCRIPTIONS.
"TSUMA-HAMI", LE MANGEUR D'ONGLES.
PRENONS L'HYPOTHÈSE QU'IL S'AGIT D'UN DÉMON. D'APRÈS LA DATE DES PREMIÈRES AGRESSIONS...
CELUI QUI S'EST TRANSFORMÉ A DÛ LIRE LE LIVRE IL Y A MOINS DE 10 JOURS.
MAINTENANT QUE J'Y PENSE, C'EST À PEU PRÈS À LA MÊME DATE...
TCHAC
QU'UN VOLEUR A SÉVI CHEZ LES VOISINS DU VIEUX.

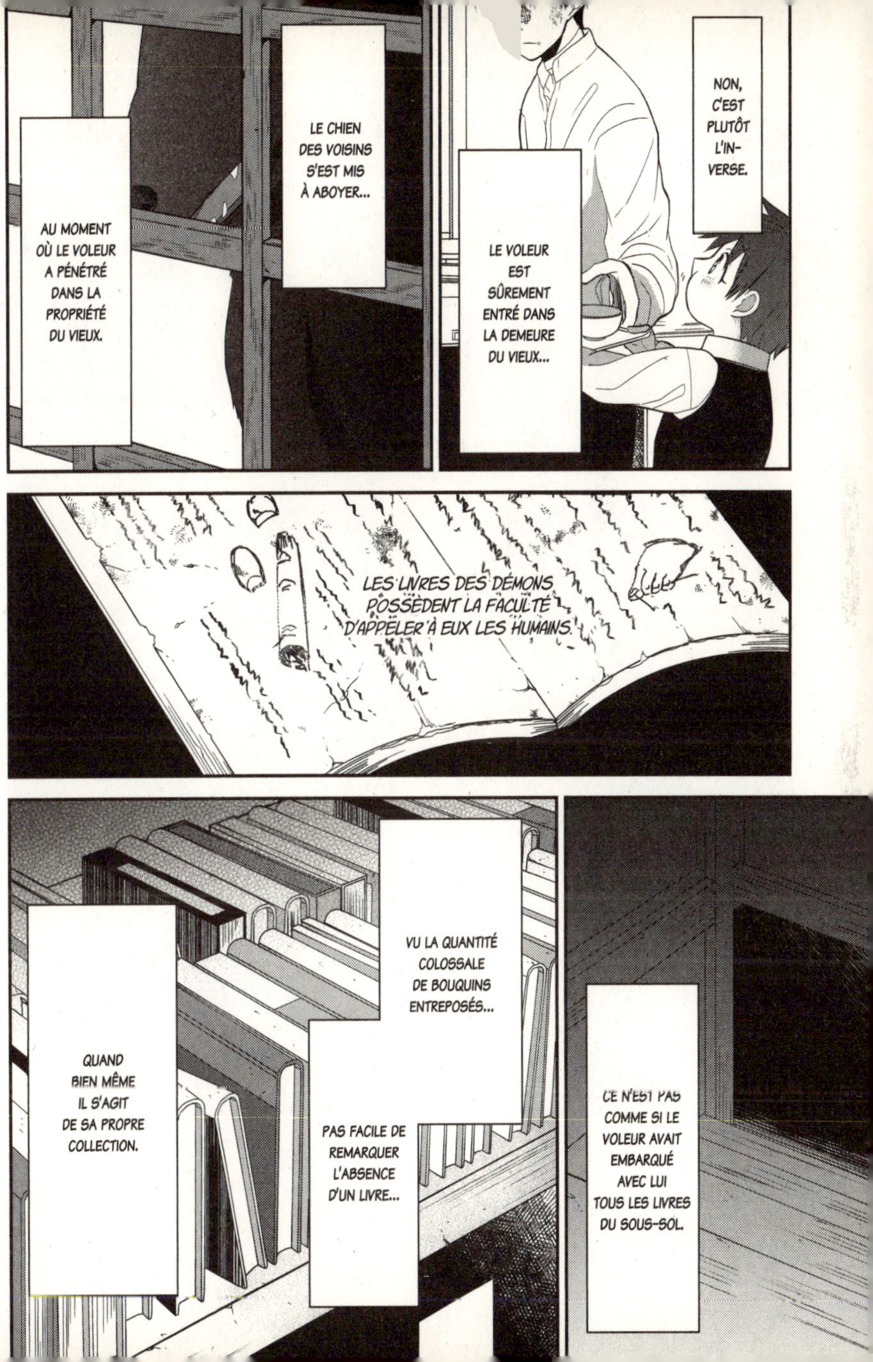
NON, C'EST PLUTÔT L'INVERSE.
LE VOLEUR EST SÛREMENT ENTRÉ DANS LA DEMEURE DU VIEUX...
LE CHIEN DES VOISINS S'EST MIS À ABOYER...
AU MOMENT OÙ LE VOLEUR A PÉNÉTRÉ DANS LA PROPRIÉTÉ DU VIEUX.
LES LIVRES DES DÉMONS POSSÈDENT LA FACULTÉ D'APPELER À EUX LES HUMAINS.
CE N'EST PAS COMME SI LE VOLEUR AVAIT EMBARQUÉ AVEC LUI TOUS LES LIVRES DU SOUS-SOL.
VU LA QUANTITÉ COLOSSALE DE BOUQUINS ENTREPOSÉS...
PAS FACILE DE REMARQUER L'ABSENCE D'UN LIVRE...
QUAND BIEN MÊME IL S'AGIT DE SA PROPRE COLLECTION.

EH TOI, LÀ !
C'EST TOI LE GÉRANT DE LA LIBRAIRIE MONONOBE ?
J'AI CRU COMPRENDRE QUE T'AVAIS RACHETÉ...
LES TRÉSORS DU VIEUX BIBLIOPHILE.
JE SUIS SÛR QUE TOUT ÉTAIT RANGÉ DANS UNE ÉNORME PIÈCE, PAS VRAI ?
IL PARAÎT QUE SA BIBLIOTHÈQUE PEUT REMPLIR ENTIÈREMENT UN CELLIER.
QU'EST-CE QUE TU FAIS LÀ ? PAS LA PEINE DE REFAIRE TES STOCKS. TU AS TOUT CE QU'IL FAUT AVEC LES LIVRES DU VIEUX.
...
DITES-MOI, VOUS AVEZ DÉJÀ PASSÉS LES PORTES DE SA PROPRIÉTÉ ?
TU TE FOUS DE NOUS C'EST ÇA ?
CETTE TÊTE DE PIOCHE NOUS A DÉGAGÉS AVANT MÊME QU'ON PUISSE POSER LES YEUX SUR SA COLLECTION.
JE VOIS...
EH, ATTENDS !
ON S'EN VA, SHIRO !

QUEL TYPE ANTIPATHIQUE !
QUEL ÂGE IL A ? 20 ANS ? IL EST BIEN JEUNE POUR AVOIR UN ENFANT.
ET ELLE EST OÙ SA FEMME ?
TU CROIS QUE L'AUTRE GOSSE EST LE PETIT-FILS DE L'ANCIEN GÉRANT ?
NON, DE CE QUE JE SAIS, L'ANCIEN PROPRIO N'AVAIT PAS DE FAMILLE.
CE GAMIN EST VENU L'AIDER À LA LIBRAIRIE DU JOUR AU LENDEMAIN.
TU CROIS QU'IL A ÉVINCÉ L'ANCIEN GÉRANT ?
FRAN-CHEMENT ...
CE JEUNE M'A L'AIR SUSPECT.

POM
POM
DIS, SHÔTARÔ !
QU'EN EST-IL DU LIVRE DES DÉMONS DU MONSTRE AUX ONGLES ?
JE MEURS DE FAIM !
PATIENTE UN PEU. JE CROIS AVOIR TROUVÉ NOTRE CIBLE ?
QUI ÇA ?
TU TE SOUVIENS DE L'HOMME QU'ON A RENCONTRÉ PRÈS DE LA MAISON DU VIEUX ?
C'EST SÛREMENT LUI LE COUPABLE.
IL ÉTAIT BLESSÉ AU BRAS.
TU M'AS BIEN DIT QUE LE COUPABLE S'ÉTAIT PRIS UN COUP DE FAUCILLE, N'EST-CE PAS ?
DE PLUS, LE VIEUX A PRIS UNE PRÉCAUTION SUPPLÉMENTAIRE...
EN STOCKANT SES LIVRES AU SOUS-SOL.
PERSONNE N'EST CENSÉ SAVOIR QU'IL A CACHÉ SA COLLECTION AU SOUS-SOL...
À PART LE VOLEUR QUI A EMBARQUÉ LE LIVRE.

DÉPÊCHONS-NOUS DE LE RETROUVER ALORS !
FAIS MOINS DE BRUIT, TU VEUX...
IL N'AURAIT JAMAIS SUBI UN TEL SORT...
S'IL N'AVAIT PAS VOLÉ CE LIVRE DES DÉMONS.
ENFIN... CE N'EST PAS MOI QUI VAIS PLEURER SUR LE SORT D'UN VOLEUR.
SHÔTARÔ !
J'AI LE VENTRE PLEIN ! RENTRONS !
PAM

OH, TU TOMBES BIEN...
OUBLIE CE QUE JE T'AI DIT LA DERNIÈRE FOIS...
J'AI CHANGÉ D'AVIS CONCERNANT LA VENTE DE MA COLLECTION.
...
JE VOIS...
C'EST BIEN DOMMAGE.
VOUS AUREZ SÛREMENT DU MAL À TOUT TRANSPORTER CHEZ VOTRE FILS.
LAISSEZ-MOI VOUS AIDER...
NON !
!
J'AI DÉCIDÉ DE TE CÉDER LE TOUT GRATUITEMENT !

HEIN ?
RIEN NE VOUS POUSSE À LE FAIRE...
NON, C'EST JUSTE QUE...
L'ANCIEN PROPRIÉ-TAIRE DE LA LIBRAIRIE ...
ÉTAIT UN BON AMI À MOI.
MÊME QUAND IL EST TOMBÉ MALADE...
IL ÉTAIT DAVANTAGE EFFRAYÉ PAR LA FERMETURE DE SA BOUTIQUE QUE DE SA PROPRE MORT.
JE NE SAIS PAS CE QUE TU ES...
JE NE CONNAIS PAS NON PLUS LES RAISONS QUI T'ONT POUSSÉ À RESTER...
MAIS VOIS MON GESTE COMME UN REMERCIEMENT POUR AVOIR REPRIS LE FLAMBEAU ET PROTÉGÉ SA LIBRAIRIE.
NON, JE...
JE NE PEUX PAS ACCEPTER CE CADEAU SANS RIEN VOUS DONNER EN ÉCHANGE...

TU N'AS QU'À FAIRE COMME MOI...
CÉDER CES LIVRES AUX GENS QUI S'INTÉRESSENT VRAIMENT À LEUR CONTENU.
LE SENTIER
C'EST...
C'EST BIEN LE LIVRE QUE JE CHER-CHAIS !
"LE SENTIER" !
J'AI FAIT D'AUTRES LIBRAIRIES, MAIS PERSONNE NE L'AVAIT EN RAYON !
LE SENTIER
VOUS L'AVEZ CHERCHÉ POUR MOI ?
VOUS ME SAUVEZ LA MISE ! MERCI !
...
JE SUIS TOMBÉ DESSUS PAR HASARD. SI TU N'AS BESOIN DE RIEN D'AUTRE, RENTRE CHEZ TOI.
AH...
DITES PAS ÇA.

JE VIENS TOUT JUSTE D'ARRIVER EN VILLE. JE NE CONNAIS PERSONNE DANS LE COIN.
VOUS DEVEZ AVOIR 19 OU 20 ANS, NON ? ON EST ENVIRON DU MÊME ÂGE.
VOUS NE VOULEZ PAS QU'ON SOIT AMIS ?
PAM
HEIN ?!
JE TE TROUVE BIEN EFFRONTÉ !
HA HA HA !
À BIENTÔT, MONONOBE !
GLING
GLING
L'AMITIÉ EST UNE CHOSE BIEN INUTILE !

TU ES UN DÉMON, JE TE RAPPELLE !
NE TE LIE À PERSONNE !
LES DÉMONS ET LES HUMAINS NE FONT PAS BON MÉNAGE !
JE SAIS...
J'EN AI CONSCIENCE.
MAIS...
TU SAIS, KIYOSHI...
DEPUIS TOI...

PERSONNE NE M'AVAIT QUALIFIÉ D'AMI.

ÇA A
DU BON
DE TEMPS
EN TEMPS...

"PASSE AUTANT DE JOURS
QU'IL TE PLAIRA, SHÔTARÔ."

"MAIS EN ÉCHANGE, TU NE VEUX PAS
REPRENDRE LA LIBRAIRIE ?"

"TU ES LE SEUL AMI À QUI
JE PEUX CONFIER LA BOUTIQUE.
JE T'EN PRIE."

Chapitre 03
Disparitions d'hommes

T'AS ENTENDU ? QUELQU'UN S'EST FAIT ATTAQUER PAR UN CHIEN SAUVAGE, DU CÔTÉ DE LA MONTAGNE !
C'EST À CAUSE DU FROID. ILS N'ONT PLUS RIEN À MANGER. J'ESPÈRE QU'ILS NE VIENDRONT PAS DANS NOS CHAMPS.
ON L'A RETROUVÉ COUVERT DE MORSURES.
ÇA ME FOUT LA CHAIR DE POULE !
LIBRAIRIE MONONOBE
SALUT, MONONOBE !
LE TEMPS SE RAFRAÎCHIT CES JOURS-CI !
AH !
V'LÀ SÔICHIRÔ !
COUCOU SHIRO ! TU AIDES À LA BOUTIQUE ? C'EST ADMIRABLE !
SÔICHIRÔ...

TU M'ACHÈTES DES LIVRES À CHACUNE DE TES VISITES.
LES ÉTUDIANTS ONT PLEIN DE TEMPS LIBRE, ON DIRAIT...
TOUJOURS AUSSI RUDE...
EN RÉALITÉ, IL Y A UNE AUTRE RAISON.
C'EST-À-DIRE ?
L'UN DE MES PROCHES A LA SANTÉ FRAGILE.
ON A GRANDI ENSEMBLE COMME DEUX FRÈRES ET SŒURS, VU QU'ON A À PEU PRÈS LE MÊME ÂGE.
ELLE A TOUJOURS ADORÉ QUE JE LUI LISE DES HISTOIRES.
C'EST COMME ÇA QUE JE SUIS DEVENU UN GRAND LECTEUR AUJOURD'HUI.
HUM...

AH !
?
MINCE, J'AI COMPLÈTEMENT OUBLIÉ LA MISSION QUE M'A CONFIÉE MON PÈRE.
ÇA CRAINT...
MAIS SI JE NE RENTRE PAS RAPIDEMENT, ELLE...
JE PEUX LIVRER CES BOUQUINS CHEZ TOI, SI CE N'EST PAS TROP LOIN.
HEIN ? MAIS TU DOIS T'OCCUPER DE TA LIBRAIRIE, NON ?
IL N'Y A PERSONNE, COMME TU PEUX LE VOIR.
HA HA ...
DANS CE CAS, JE COMPTE SUR TOI...
NÉANMOINS...
FAIS ATTENTION. IL Y A UN CHIEN SAUVAGE QUI RÔDE PRÈS DE LA DEMEURE CES DERNIERS TEMPS, SURTOUT À LA NUIT TOMBÉE.

TU FERAIS MIEUX DE RENTRER CHEZ TOI AVANT LE CRÉPUSCULE.
CE SÔICHIRÔ ...
IL A OUBLIÉ DE ME DIRE QU'IL VIVAIT DANS UNE TELLE DEMEURE...
SHÔTA-RÔÔÔ !
FUT
JE SUIS FATIGUÉ À FORCE DE MARCHER !
PORTE-MOI !

HAAA...
HAAA...
OUAH ! ON EST ARRIVÉS !
TIENS ?
VOUS ÊTES LES AMIS DE MAÎTRE TAKATÔ ?
MAÎTRE TAKATÔ ?
SÔICHIRÔ TAKATÔ.
OUI...
LE JEUNE MAÎTRE M'A AVERTIE DE VOTRE VISITE !
JE VOUS EN PRIE, ENTREZ ! JE VAIS VOUS PRÉSENTER À MADEMOISELLE !
JE NE PRÉFÈRE PAS... LES MANIÈRES ME FONT DÉFAUT.
VOUS LUI DONNEREZ CES LIVRES...
NE VOUS EN FAITES PAS !
MADEMOISELLE N'A QUE FAIRE DE L'ÉTIQUETTE !

LA DERNIÈRE FOIS, QUAND J'AI CRIÉ DE PEUR APRÈS AVOIR APERÇU UNE SOURIS…
ELLE S'INQUIÈTE POUR LA SANTÉ DES EMPLOYÉS.
ET QUAND LE CUISINIER S'EST FAIT MAL AUX HANCHES…
C'ÉTAIT LA PREMIÈRE À ÊTRE VENUE VOIR S'IL NE M'ÉTAIT ARRIVÉ RIEN DE GRAVE.
ELLE S'EST MISE À CUISINER SANS PRENDRE LA PEINE D'ENLEVER SON KIMONO…
C'EST UNE PERSONNE AU GRAND CŒUR !
TAP
TAP
TAP
TAP
MADEMOI-SELLE.
LES INVITÉS SONT ICI.
SCHLAC

PAF
AAAH !
...
MADE-MOI...
FIT
QU'EST-CE QUI VOUS PREND, MADEMOISELLE ?!
FIT
FIT
DÉ... DÉSOLÉE... JE COMPTAIS VOUS ACCUEILLIR...
JE M'APPELLE SAYO TAKATÔ !
VOUS DEVEZ ÊTRE MONSIEUR MONONOBE, N'EST-CE PAS ?
OUI.
SÔICHIRÔ M'A BEAUCOUP PARLÉ DE VOUS !
EXCUSEZ MES MANIÈRES.
SNIP
SNIP
SNIP
ET À CÔTÉ DE VOUS ?

VOICI SHIRO !
EH...
IL Y A UNE DRÔLE D'ODEUR DANS CETTE CHAMBRE !
EH, OH !
AH...
PEUT-ÊTRE À CAUSE DE L'ENCENS ?
UN AMI M'EN A OFFERT. IL PARAÎT QUE C'EST BON POUR LE CORPS.
VOUS AVEZ LA SANTÉ FRAGILE ?
OUI... MAIS ÇA VA MIEUX CES DERNIERS TEMPS.
DITES-MOI, MONSIEUR MONONOBE...
POUCH
C'EST SÔICHIRÔ QUI VOUS EN A PARLÉ ?
QU'EST-CE QUE VOUS AVEZ ENTENDU D'AUTRE À MON SUJET ?
QU'EST-CE QU'IL A DIT ?!
QUE VOUS AVIEZ ÉTÉ ÉLEVÉS ENSEMBLE COMME DEUX FRÈRES ET SŒURS...

SA PETITE SŒUR ?!
IL VA M'ENTENDRE, UNE FOIS RENTRÉ !
RAH
VOUS AVEZ L'AIR DE BIEN VOUS ENTENDRE...
...
OUI...
VOUS AUSSI, MONSIEUR MONONOBE. VOUS DEVEZ SÛREMENT AVOIR...
DANS VOTRE VIE...
DES GENS QUI VOUS TIENNENT À CŒUR.
POUR MOI, C'EST MON PÈRE ET MA MÈRE...
MON FRÈRE QUI ÉTUDIE LOIN D'ICI...
MES PROCHES ET LES SERVANTS DE LA DEMEURE.
MAIS PARMI EUX...
SÔICHIRÔ TIENT UNE PLACE TRÈS SPÉCIALE DANS MON CŒUR...

CAR IL S'EST TOUJOURS OCCUPÉ DE MOI.
J'ESPÈRE QUE VOUS CONTINUEREZ À BIEN VOUS ENTENDRE...
AVEC SÔICHIRÔ.
...
AH !
FOUCH...
AU FAIT...
VOUS TENEZ UNE LIBRAIRIE DE LIVRES ANCIENS, N'EST-CE PAS ?
VOUS AVEZ DÛ LIRE DES TAS DE BOUQUINS !
JE VOUS EN PRIE, FAITES-M'EN LE RÉCIT !

IL FAIT NUIT NOIRE.
DÉ... DÉSOLÉE !
J'ÉTAIS ABSORBÉE PAR VOTRE HISTOIRE...
UN CHIEN SAUVAGE RÔDE DANS LE COIN.
VOUS FERIEZ MIEUX DE PASSER LA NUIT ICI...
NON, JE...
OUI ! C'EST PLUS PRUDENT AINSI !
JE VAIS EN PARLER À PÈRE !
PRÉPAREZ UNE CHAMBRE POUR NOS INVITÉS !
AH...
HA...
...
AU FAIT...
IL EST CURIEUSEMENT SAGE DEPUIS TOUT À L'HEURE...

SHÔTARÔ !
HUM ?
CETTE FILLE ESSAYE DE LE CACHER...
MAIS ELLE DÉGAGE UNE ODEUR ÉTRANGE !
?

ZOUSH
ZROCH
ZOUSH
HUM...
ZOUSH
ZOUSH

MONONOBE ?!
QUELLE SURPRISE !
JE PENSAIS PAS TE TROUVER ICI...
C'EST À CAUSE DU CHIEN SAUVAGE ! LES ENVIRONS SONT DANGEREUX LA NUIT !
MADEMOISELLE A INSISTÉ POUR QUE JE RESTE.
AH... OUI !
EN EFFET !
VOUS COMPTEZ RENTRER MAINTENANT, MONSIEUR MONONOBE ?
FOUAH
JE DOIS OUVRIR LA LIBRAIRIE.
IL ME RESTE QUELQUES COMMISSIONS À FAIRE EN VILLE.
JE TE RACCOMPAGNE JUSQU'À LA GARE.

ÇA DOIT ÊTRE CREVANT TOUS CES ALLERS-RETOURS.
J'AI L'HABITUDE.
C'EST PLUS RAPIDE D'ALLER EN VILLE EN PASSANT PAR ICI.
?
DITES !
C'EST QUOI ÇA ?
QU'EST-CE QUE C'EST ?

ATTENDEZ MOI LÀ ! JE VAIS JETER UN COUP D'ŒIL !
FRSH
!!
OUAAAH !!
!
QU'EST-CE QUI SE PASSE ?!
SÔICHIRÔ…
ARRÊTE…
NE T'APPROCHE PAS !
C'EST PAS JOLI À VOIR !!

MONONOBE ...
TU PEUX RETOURNER CHERCHER DE L'AIDE À LA RÉSIDENCE ?
ENCORE UNE VICTIME DU CHIEN SAUVAGE...
TRÈS BIEN...
MONSIEUR MONONOBE !

J'AI ENTENDU SÔICHIRÔ CRIER.
UN PROBLÈME ?
UN HOMME S'EST FAIT ATTAQUER PAR LE CHIEN SAUVAGE.
JE VOIS...
NE T'EN FAIS PAS. ON S'OCCUPE DU RESTE.
D'ACCORD.

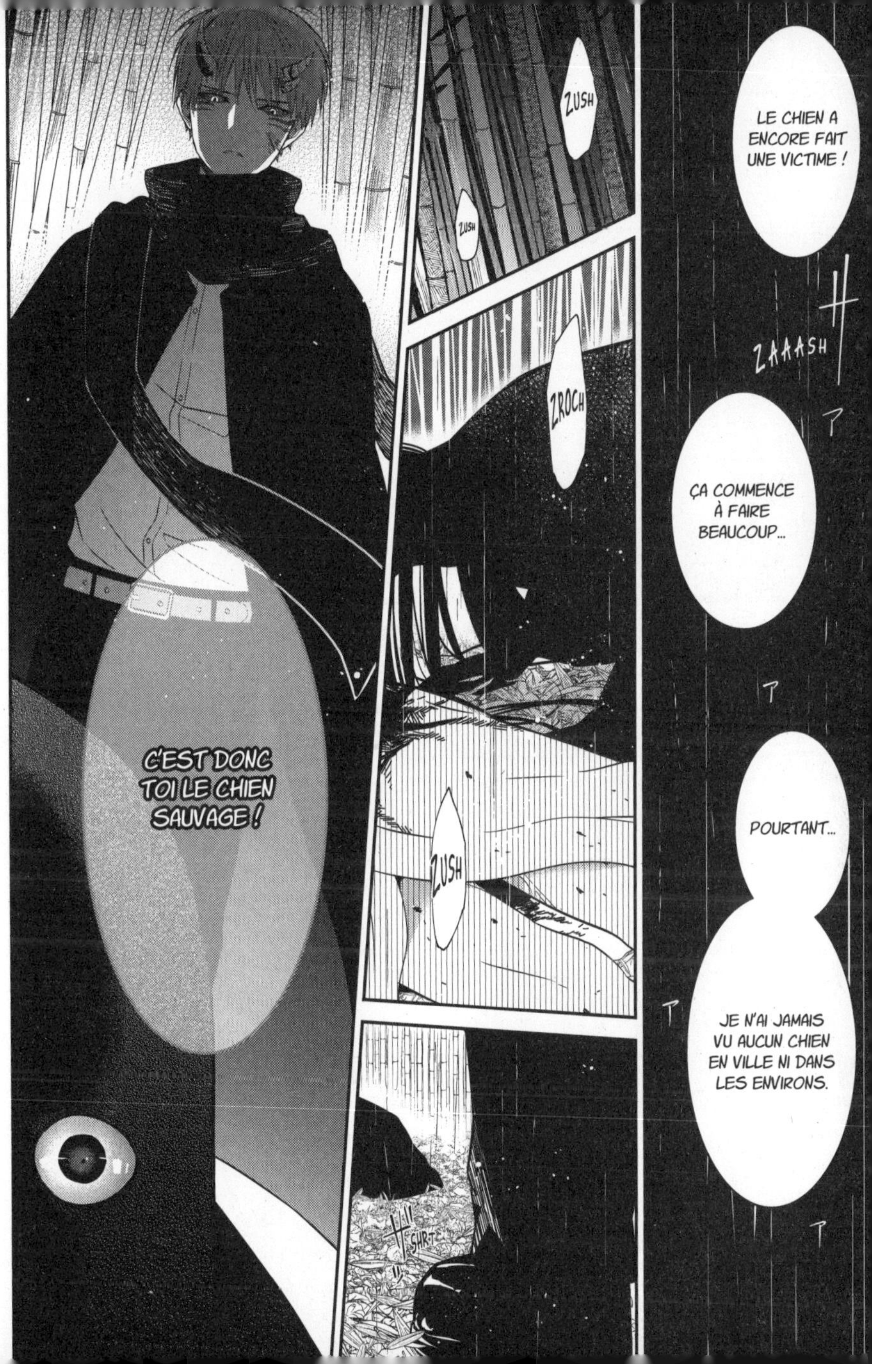
LE CHIEN A ENCORE FAIT UNE VICTIME !
ZAAASH
ÇA COMMENCE À FAIRE BEAUCOUP...
POURTANT...
JE N'AI JAMAIS VU AUCUN CHIEN EN VILLE NI DANS LES ENVIRONS.
ZUSH
ZUSH
ZROCH
ZUSH
SHRT
C'EST DONC TOI LE CHIEN SAUVAGE !

MONSIEUR MONONOBE... CETTE APPARENCE...
AH... JE VOIS...
SAYO !
QU'EST-CE QUI VOUS A MIS SUR LA VOIE ?

...
LES EMPLOYÉS DE MAISON M'ONT PARLÉ DE TOI.
ILS SONT HEUREUX QUE TU PRENNES SOIN D'EUX.
SEULEMENT...
QUAND TU AS ENTENDU SÔICHIRÔ CRIER...
JE N'AI LU AUCUNE INQUIÉTUDE SUR TON VISAGE.
TU SAVAIS PERTINEMMENT...
CE QUE NOUS ALLIONS TROUVER...
EN PASSANT PAR L'AUTRE CHEMIN.
TU N'AURAIS PAS LU UN LIVRE PARLANT DE DÉMONS ?
HUM...
JE N'AI JAMAIS VOULU FAIRE DE MAL À PERSONNE !

MAIS PARFOIS...
MES PULSIONS PRENNENT LE DESSUS.
LES GENS QUI ME SONT PROCHES ONT L'AIR ALORS ATROCEMENT DÉLICIEUX.
C'EST POUR PROTÉGER TOUT LE MONDE... POUR LE PROTÉGER...
TU COMPRENDS CE QUE JE RESSENS, PAS VRAI ?! ON EST PAREILS TOI ET MOI !!
JE SUIS OBLIGÉE DE DÉVORER D'AUTRES PERSONNES POUR LES PROTÉGER !
NON, JE NE TE COMPRENDS PAS !
JE VOIS...
TRÈS BIEN...
BAM

LES DÉMONS...
MÊME AFFAIBLIS PAR LA FAIM.
NE PEUVENT PAS MOURIR...
SI TU VOULAIS ÉVITER DE FAIRE DU MAL À QUI QUE CE SOIT...

TU AURAIS TRÈS BIEN PU DISPARAÎTRE DE LA CIRCULATION !
FOUH
FOUH
FOUH
OU PEUT-ÊTRE QUE...
TU N'AS QUE FAIRE DES HUMAINS QUE TU NE CONNAIS PAS !
N'HÉSITANT PAS CHARCUTER LEURS CORPS INERTES...
POUR FAIRE PASSER TES CRIMES POUR L'ATTAQUE D'UN CHIEN SAUVAGE !

HEIN ?
QU'EST-CE QUE TU DIS ?
JE NE SAIS PAS DE QUOI...
BOM
AH...
DANS CE CAS...

ÇA DOIT ÊTRE TOI QUI ARRANGEAIS LES CORPS DANS L'OMBRE...
SÔICHIRÔ !
SÔICHIRÔ ...
TU LE SAVAIS ?
J'AI TOUJOURS VEILLÉ SUR ELLE DEPUIS MA PLUS TENDRE ENFANCE.
JE ME FICHE DE SAVOIR CE QU'ELLE EST.
MÊME SI SA VRAIE NATURE...
EST D'ÊTRE UN DÉMON ASSOIFFÉ DE SANG ?

ET ALORS ?!
DU MOMENT QUE ÇA LUI PERMET D'ALLER MIEUX !
MON RÔLE EST DE FAIRE EN SORTE QUE PERSONNE NE DÉCOUVRE CE QU'ELLE EST !
FUIT
AMÈNE-TOI, MONONOBE !
JE NE SAIS PAS CE QUE TU CHERCHES, MAIS SI TU VEUX TUER SAYO...
IL FAUDRA D'ABORD ME PASSER SUR LE CORPS !

SHRT
SÔ...
SÔICHIRÔ ...
JE...
...
FUH
JE PENSAIS AVOIR TROUVÉ LÀ UN BON AMI.

SAYO ! ON S'EN VA !
SHRT
HUM...
TU LES LAISSES PARTIR ?
ELLE N'A PAS UNE GRANDE VITALITÉ À LA BASE.
CETTE BLESSURE SÉVÈRE NE GUÉRIRA SÛREMENT PAS.
ELLE NE SERA PAS CAPABLE...
DE CHASSER SA NOURRITURE PAS SES PROPRES MOYENS.

MÊME SI CE GAMIN LA CACHE...
ELLE NE TIENDRA PAS DEUX SEMAINES SANS MANGER, MAINTENANT QU'ELLE A PRIS GOÛT À LA CHAIR.
JE SUIS CERTAIN QUE CE GAMIN SERAIT MÊME PRÊT...
À LUI OFFRIR SON CORPS EN REPAS.

AH
ON SENT QU'ON EST EN HIVER !
ÇA CAILLE !
LES SAISONS SE SONT ENFIN ADAPTÉES...
AUX VÊTEMENTS DE MONSIEUR MONONOBE !
AH, AU FAIT !
JE NE VOIS PLUS L'ÉTUDIANT QUI VENAIT ICI, CES DERNIERS TEMPS...
IL A DÉMÉNAGÉ LOIN D'ICI !
IL NE VIENDRA PLUS !
C'EST BIEN DOMMAGE...
JE PENSAIS QUE MONSIEUR MONONOBE S'ÉTAIT ENFIN TROUVÉ UN AMI.
AH ! MAIS ÇA NE ME REGARDE PAS !
HA HA
SUCEUR D'INTESTIN

はふ～
FOUH
IL N'ARRÊTE PAS DE NEIGER !
ÇA NE SERT À RIEN DE BALAYER DEVANT L'ENTRÉE !
ひょこっ
HOP
...
HUM...
ÇA AURA DISPARU, UNE FOIS LE PRINTEMPS VENU.
ON NE DEVRAIT PAS S'EMBÊTER AVEC DES CHOSES AUSSI FUTILES !
N'EST-CE PAS, SHÔTARÔ ?
...
LES GENS RISQUERAIENT DE GLISSER SI ON NE FAIT RIEN.

LES EFFORTS PRODUITS AUJOURD'HUI...
AURONT ÉTÉ OUBLIÉS AU PROCHAIN HIVER.
VU QUE NOUS AVONS TOUTE L'ÉTERNITÉ DEVANT NOUS...
INUTILE DE SE SOUVENIR DE CHAQUE INSTANT.

SHIRO !
CRR
T'AS FINI TOUTES LES PATATES ET LE POISSON.
T'AS MÊME ENGLOUTI TOUT LE STOCK DE RIZ... JE TE SIGNALE QUE TOUT EST FERMÉ À CAUSE DE CETTE NEIGE.
NE VIENS PAS TE PLAINDRE APRÈS.
Chapitre 04
Disparition de démon

TCHAC
À QUI LA FAUTE ? QUI A HÉSITÉ AU DERNIER MOMENT ?
C'EST TOI QUI AS LAISSÉ FILER CETTE FILLE !
SHIRO ?
FUIT
SHÔTARÔ !
POUR QUELLE RAISON TU CROIS QUE JE TE GARDE EN VIE ?
AUTANT TE DÉVORER, SI TU NE M'ES PLUS UTILE.
EXCUSEZ-MOI !
GLING
GLING
IL Y A QUELQU'UN ?

AH... OUI...
PFF...
C'EST VOUS LE GÉRANT ? MONSIEUR MONONOBE ?
OUI...
PARFAIT ! J'AI QUELQUE CHOSE À VOUS DEMANDER.
VOUS CHERCHEZ UN LIVRE EN PARTICULIER ?
NON.
LE...
LE LIBRAIRE NE M'EST D'AUCUNE UTILITÉ.
J'AI BESOIN DU DÉMON QUI COEXISTE AVEC LES HUMAINS.
VOYEZ ÇA COMME UNE FAVEUR DE DÉMON À DÉMON.

JE SUIS KISARAGI.
J'ÉTUDIE ENTRE AUTRES LE FOLKLORE.
J'AI ENTENDU PAS MAL DE RUMEURS À VOTRE SUJET.
SUR MOI ? COMMENT ÇA ?
LE "DÉMON QUI N'ATTAQUE PAS LES HOMMES". C'EST COMME ÇA QU'ON VOUS SURNOMME, NON ?
QUI VOUS A PARLÉ DE ÇA ?
VOUS SAVEZ, IL N'EST PAS RARE QUE DES DÉMONS VIVENT AUPRÈS DES HUMAINS.
MAIS CE QUI VOUS REND EXCEPTIONNEL, C'EST QUE VOUS ARRIVEZ À VOUS CONTRÔLER.
VOUS SORTEZ DU LOT, VOUS SAVEZ.
QUAND EST-CE QUE VOUS AVEZ LU LE LIVRE DES DÉMONS ?
COMBIEN D'HUMAINS VOUS AVEZ ATTAQUÉS ?

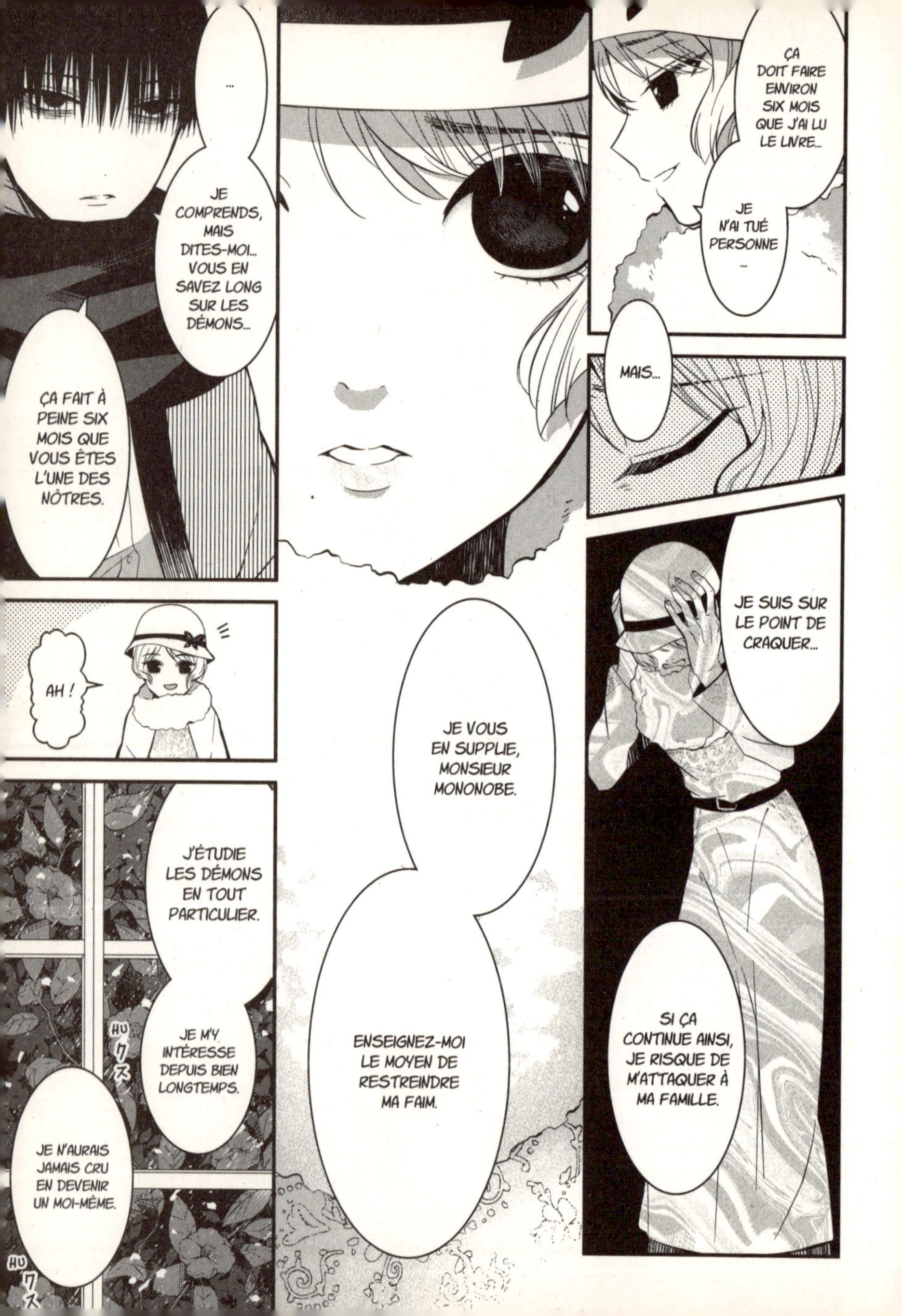

ÇA DOIT FAIRE ENVIRON SIX MOIS QUE J'AI LU LE LIVRE...
JE N'AI TUÉ PERSONNE...
MAIS...
JE SUIS SUR LE POINT DE CRAQUER...
SI ÇA CONTINUE AINSI, JE RISQUE DE M'ATTAQUER À MA FAMILLE.
JE VOUS EN SUPPLIE, MONSIEUR MONONOBE.
ENSEIGNEZ-MOI LE MOYEN DE RESTREINDRE MA FAIM.
...
JE COMPRENDS, MAIS DITES-MOI... VOUS EN SAVEZ LONG SUR LES DÉMONS...
ÇA FAIT À PEINE SIX MOIS QUE VOUS ÊTES L'UNE DES NÔTRES.
AH !
J'ÉTUDIE LES DÉMONS EN TOUT PARTICULIER.
JE M'Y INTÉRESSE DEPUIS BIEN LONGTEMPS.
JE N'AURAIS JAMAIS CRU EN DEVENIR UN MOI-MÊME.
HU クス
HU クス

MONSIEUR MONONOBE !
ÇA VOUS DIRAIT DE JETER UN ŒIL À MES RECHERCHES ?!
MOI ?
VOUS POURREZ M'AIDER À LES CORRIGER EN FAISANT APPEL À VOTRE EXPÉRIENCE DE DÉMON !
IL NEIGE À GROS FLOCONS ! JE NE PENSE PAS QUE DES CLIENTS VIENNENT !
COMME D'HABITUDE...
WOUUH
GLING
GLING
...
JE SORS UN INSTANT.
JE PENSE QU'IL Y A CERTAINS MEURTRES, PARMI LES MORTS SUSPECTES DE CETTE ANNÉE, QUI SONT LIÉS AU LIVRE DES DÉMONS.
CE QUI VEUT DIRE QUE LE LIVRE DES DÉMONS EST BIEN ANTÉRIEUR À TOUTES CES AFFAIRES.
VOUS AVEZ BIEN BOSSÉ LE SUJET.

J'AI TOUT LE TEMPS DU MONDE DÉSORMAIS ! ÇA FACILITE LES RE-CHERCHES !
VOUS ÊTES BIEN POSITIVE...
FERMÉ AUJOURD'HUI
J'AI AUSSI MIS LA MAIN SUR UN COBAYE IMMORTEL !
VOUS SERVEZ VOUS-MÊME DE COBAYE ?
JE SUIS BIEN CONTENTE EN TOUT CAS ! JE SUIS PERSUADÉE QUE MES RECHERCHES AVANCERONT GRÂCE À VOTRE EXPÉRIENCE.
MON EXPÉRIENCE, HEIN... J'EN AI TIRÉ UNE LEÇON.
OUAH !
ET QU'EST-CE QUE C'EST ? QU'EST-CE QUE C'EST ?
COMPTEZ AU MOINS 40 ANS !
HUM ?
C'EST LE TEMPS QUE ÇA PREND...
POUR QUE LA SENSATION DE FAIM DISPARAISSE, MÊME DEVANT LES HUMAINS.
OOOH !

AUPARAVANT, UN AUTRE DÉMON AVAIT HORREUR DE S'EN PRENDRE AUX HUMAINS.
IL EST RESTÉ SEUL PENDANT 20 ANS À MANGER SA PROPRE CHAIR POUR RÉSISTER À LA FAIM.
MAIS LA FAIM L'EMPORTA ET IL S'ATTAQUA À NOUVEAU AUX HUMAINS.
UNE FOIS LE LIVRE DES DÉMONS LU, LA SENSATION DE FAIM NOUS FAIT PERDRE PEU À PEU LA RAISON ET NOUS FORCE À NOUS EN PRENDRE AUX HUMAINS.
PLUS UN DÉMON S'ABSTIENT LONGTEMPS À MANGER DES HUMAINS, PLUS IL S'EN PRENDRA À UN GRAND NOMBRE DE PERSONNES UNE FOIS PLONGÉ DANS LA FOLIE.
NÉANMOINS, IL EXISTE UNE MÉTHODE BIEN PLUS SIMPLE ET RAPIDE POUR QUE LA SENSATION DE FAIM DISPARAISSE...
IL SUFFIT DE SATISFAIRE SA FAIM...
JUSTE APRÈS AVOIR LU LE LIVRE DES DÉMONS.
UN DÉMON SANS EXPÉRIENCE COMME VOUS NE LE SAIT PEUT-ÊTRE PAS...
MAIS LA FAIM D'UN DÉMON EST INCOMPARABLE À CELLE D'UN HUMAIN.
C'EST IMPOSSIBLE QUE VOUS AYEZ PU VIVRE PENDANT SIX MOIS AUPRÈS DES HUMAINS...
SANS VOUS EN PRENDRE À UN SEUL D'ENTRE EUX.

C'ÉTAIT RAPIDE...
JE N'AI MÊME PAS EU LE TEMPS DE M'AMUSER...
SCROCH
UH...
ARGH !
TU M'AS QUAND MÊME SUIVI, ALORS QUE TU SAVAIS PERTINEMMENT QUE JE MENTAIS.
BAM
TU NE VOULAIS PAS DÉTRUIRE LA LIBRAIRIE QUE T'A LÉGUÉE KIYOSHI, C'EST ÇA ?
URGH...
CE SALE GOSSE... TU AURAIS MIEUX FAIT D'ÊTRE ACCOMPAGNÉ PAR CE MONSTRE ! DOMMAGE POUR TOI !
TU M'ÉCOUTES, MONONOBE ?
SHRT
AH ! ET PUIS...
SHRT

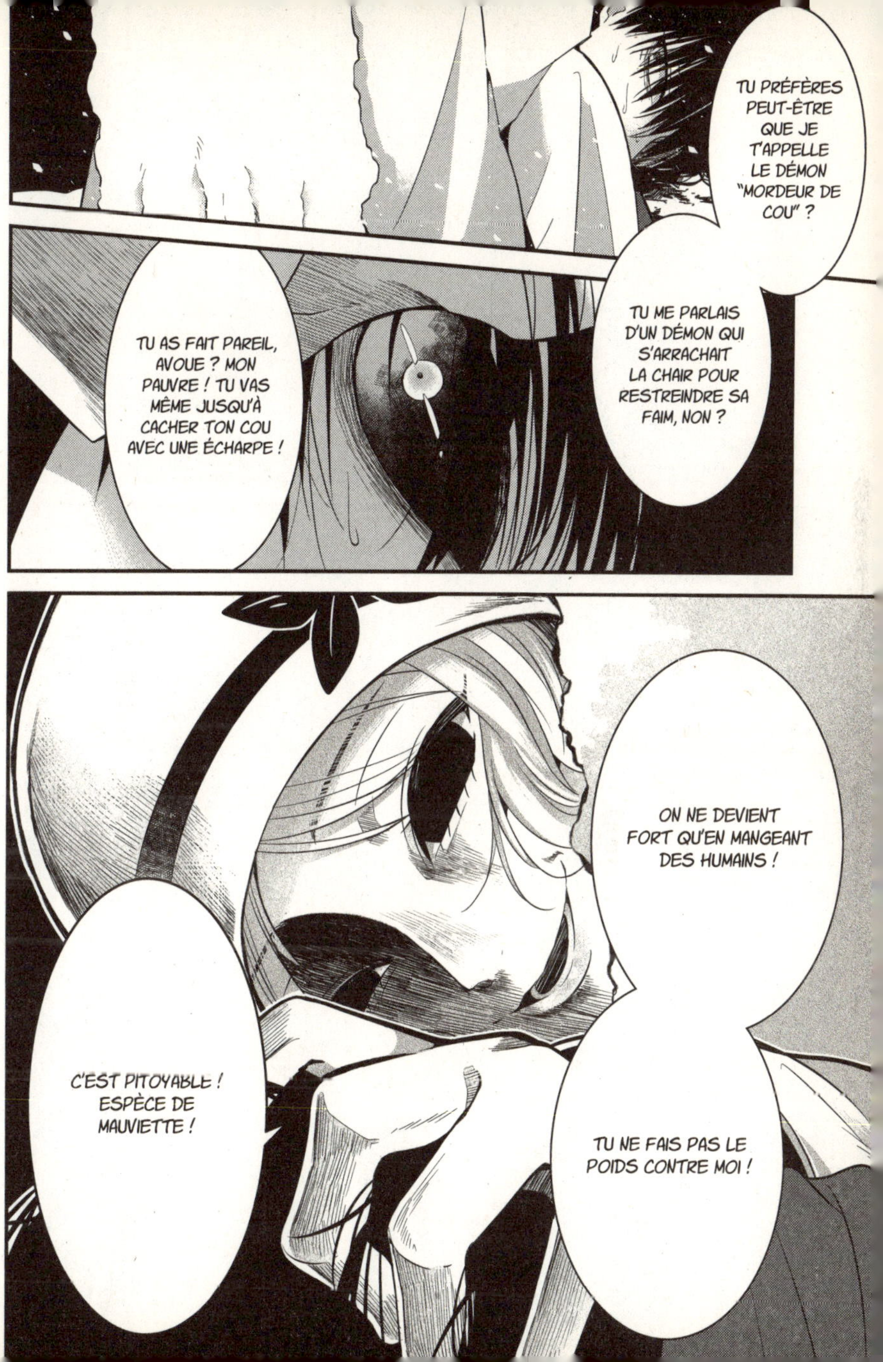
TU PRÉFÈRES PEUT-ÊTRE QUE JE T'APPELLE LE DÉMON "MORDEUR DE COU" ?
TU ME PARLAIS D'UN DÉMON QUI S'ARRACHAIT LA CHAIR POUR RESTREINDRE SA FAIM, NON ?
TU AS FAIT PAREIL, AVOUE ? MON PAUVRE ! TU VAS MÊME JUSQU'À CACHER TON COU AVEC UNE ÉCHARPE !
ON NE DEVIENT FORT QU'EN MANGEANT DES HUMAINS !
TU NE FAIS PAS LE POIDS CONTRE MOI !
C'EST PITOYABLE ! ESPÈCE DE MAUVIETTE !

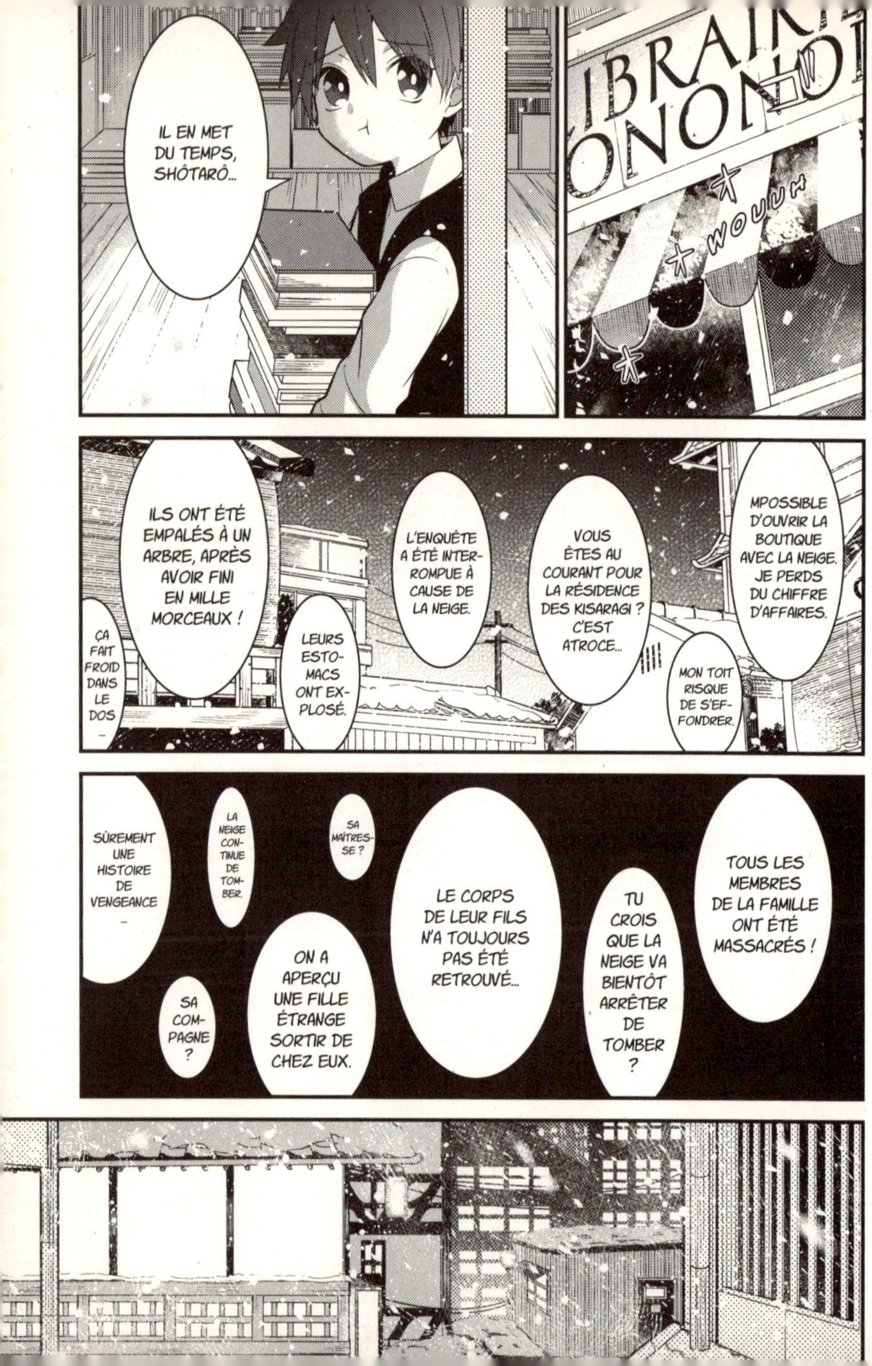
WOUUH
IL EN MET DU TEMPS, SHÔTARÔ...
MPOSSIBLE D'OUVRIR LA BOUTIQUE AVEC LA NEIGE. JE PERDS DU CHIFFRE D'AFFAIRES.
MON TOIT RISQUE DE S'EFFONDRER.
VOUS ÊTES AU COURANT POUR LA RÉSIDENCE DES KISARAGI ? C'EST ATROCE...
L'ENQUÊTE A ÉTÉ INTERROMPUE À CAUSE DE LA NEIGE.
LEURS ESTOMACS ONT EXPLOSÉ.
ILS ONT ÉTÉ EMPALÉS À UN ARBRE, APRÈS AVOIR FINI EN MILLE MORCEAUX !
ÇA FAIT FROID DANS LE DOS...
TOUS LES MEMBRES DE LA FAMILLE ONT ÉTÉ MASSACRÉS !
TU CROIS QUE LA NEIGE VA BIENTÔT ARRÊTER DE TOMBER ?
LE CORPS DE LEUR FILS N'A TOUJOURS PAS ÉTÉ RETROUVÉ...
ON A APERÇU UNE FILLE ÉTRANGE SORTIR DE CHEZ EUX.
SA MAÎTRESSE ?
SA COMPAGNE ?
LA NEIGE CONTINUE DE TOMBER.
SÛREMENT UNE HISTOIRE DE VENGEANCE...

TU AS VU JUSTE ! J'AI DÉJÀ MANGÉ DES HOMMES…
MAIS AUSSI DES DÉMONS !
C'ÉTAIT POUR MES RECHERCHES. ÇA T'INTÉRESSE ?
C'ÉTAIT HORRIBLEMENT MAUVAIS, AU POINT DE TOUT VOULOIR VOMIR !
AH, JE T'AI FAIT MAL ? SUPPORTE, TU ES UN HOMME APRÈS TOUT !
UH…
URGH
CLANG
CRI
CRI
CRI
LE BOUT DES DOIGTS CONTIENT DE NOMBREUX NERFS. ÇA FAIT MAL, HEIN ?
HU HU HU !
FOUH…
J'AI BEAU TE TORTURER, TU FINIRAS PAR GUÉRIR.
CRT
CRT
LE POUVOIR DU LIVRE DES DÉMONS EST INCROYABLE !
CRT
FOUH…

CRATCH
CRATCH
AU FAIT, VOILÀ MON LIVRE DES DÉMONS !
JE SUIS LE "DÉVOREUR DE CŒUR" ! J'ADORE MANGER LE CŒUR DE MES VICTIMES !
CRATCH
CROCH
MAIS C'EST INJUSTE, TU NE TROUVES PAS ?
ON A DEUX YEUX, DEUX JAMBES ET DEUX BRAS, MAIS UN SEUL CŒUR...
PAC
PAC
J'AI DÛ IMAGINER UNE AUTRE MANIÈRE DE PRENDRE MON PIED !
LES HUMAINS MEURENT TROP RAPIDEMENT ! ÇA N'A RIEN DE DRÔLE !
LES DÉMONS ONT UN GOÛT INFECT.
MAIS QUEL GOÛT PEUX-TU BIEN AVOIR...
JE T'EN PRIE, DIVERTIS-MOI ASSEZ LONGTEMPS !
ZUSH
TOI QUI N'AS JAMAIS GOÛTÉ D'HUMAIN ?

PFF
OÙ EST PASSÉ SHÔTARÔ ?!
QUI VA ME SERVIR LE DÎNER ?
AH OUI, AU FAIT ! CE MONSTRE EST UN VRAI PROBLÈME !
SCHLAK
LE DIEU DES INSECTES, L'EXORCISTE, L'INSECTE DIVIN... IL EXISTE DE NOMBREUSES LÉGENDES À SON SUJET.
IL N'A POURTANT RIEN DE DIVIN.
TCHAC
...
LES HUMAINS SE SONT MIS À LE VÉNÉRER SEULEMENT PARCE QU'IL DÉVORE LES DÉMONS QUI LES ATTAQUENT.
SA VRAIE FORME EST QUELQUE CHOSE DE TOUT À FAIT RÉPUGNANT !
...
...
TU ES BIEN CALME, DEPUIS TOUT À L'HEURE...
SCHLAK
TU CROIS RÉELLEMENT QU'IL VA VENIR TE SAUVER ?
HA HA ! L'ESPOIR FAIT VIVRE !
IL N'A AUCUN SENTIMENT NI AUCUNE PRÉDISPOSITION POUR TROUVER LES DÉMONS.
IL PEUT AU MIEUX PISTER L'ODEUR DU SANG DE SES PROIES POUR LES RETROUVER. IL NE TOMBERA JAMAIS SUR CET ENDROIT.

PERSONNE NE VIENDRA TE SAUVER. MAIS SOIS TRANQUILLE.
JE TE MANGERAI DE LA PLUS DÉLICIEUSE DES FAÇONS !
AAAH ~
ÇA DOIT T'EXCITER D'ÊTRE MANGÉ PAR UNE SI BELLE CRÉATURE...
TU ME DÉGOÛTES.
SALE PERVERS !
COMPORTE-TOI EN HOMME ! TU ES L'HÉRITIER DE LA FAMILLE KISARAGI !
C'EST FAUX... JE SUIS...
UN TYPE COMME TOI NE PEUT PAS ÊTRE MON FILS !
TU N'ES NI UN HOMME NI UNE FEMME ! TU N'ES QU'UN MONSTRE !
DIEU A FAIT UNE ERREUR. EN RÉALITÉ, JE SUIS...
LA FERME !

LA FERME ! LA FERME ! LA FERME !
BAM
JE SUIS UNE FEMME ! DIEU S'EST TROMPÉ À MA NAISSANCE !
PAF
BAM
BAM
JE NE SUIS PAS UN MONSTRE ! JE NE SUIS PAS UN HOMME !
...
HA
HA
...
...
DIS, MONONOBE ! TU N'ES PAS MORT, HEIN ?
JE T'EN PRIE ! NE ME METS PAS EN COLÈRE !
TOUT ÇA M'A CREUSÉ L'APPÉTIT !
JE VAIS TUER QUELQUES HUMAINS ! RESTE TRANQUILLE !
PAF

CLING
CLAC
ME REVOILÀ MONONOBE !
AH, J'AI LE VENTRE PLEIN.
TU ES RESTÉ SAGE ?
!

PAM
TSS
GLING
T'AS VU L'HEURE, SHÔTARÔ ?!
PAM
GLING
GLING
HEIN ? ÇA NE VA PAS, SHIRO ?
KONDÔ !
SHÔTARÔ N'EST TOUJOURS PAS REVENU !
TU CHERCHES DES INFOS POUR UN ARTICLE ?
OUI, MAIS VU LA NEIGE QUI S'ABAT, J'AI DÛ ARRÊTER.

TOUTES LES BOUTIQUES SONT FERMÉES À CAUSE DE LA NEIGE. AUCUN TRAIN NE BOUGE.
MONSIEUR MONONOBE EST SÛREMENT BLOQUÉ PAR LA NEIGE.
CETTE TEMPÊTE N'EST PAS À PRENDRE À LA LÉGÈRE. ELLE EST DANGEREUSE, MÊME POUR LES ADULTES.
RESTE ICI BIEN SAGEMENT À L'ATTENDRE, SHIRO.
JE SERAI AU JOURNAL.
À BIENTÔT, KONDÔ !
GLING カラン
GRII ギィ
SNIF
WOUUUH
MONONOBE...
TU PENSAIS T'ENFUIR AVEC TOUTES SES BLESSURES ?

J'AI PLUS DE FORCE QU'UN SIMPLE DÉMON, TU SAIS !
NE ME FAIS PAS PERDRE MON TEMPS !
C'EST RIDICULE...
HEIN ?
LES DÉMONS... NE S'AT-TAQUENT QU'AUX HOMMES...
UN DÉMON QUI S'ATTAQUE AUX SIENS N'EST PAS UN DÉMON...
HEIN ? C'EST QUOI ALORS ?
CE N'EST QU'UN MONSTRE... QUELQUE CHOSE D'INCOMPLET...
COMME TOI ET MOI.

C'EST BON, J'EN AI MARRE !
JE COMPTAIS M'AMUSER PLUS LONGTEMPS AVEC TOI, MAIS TU DÉPASSES LES BORNES !
UNE DERNIÈRE VOLONTÉ ?
TOUT À L'HEURE... TU EN AS PARLÉ...
DE QUOI ?
TOUT CE QU'IL PEUT FAIRE AU MIEUX...
PLOC
C'EST PISTER L'ODEUR DU SANG DE SES PROIES POUR LES RETROUVER.
PLOC
IL N'A PEUT-ÊTRE AUCUN SENTIMENT...
MAIS QU'EN EST-IL QUAND LA FAIM LE TIRAILLE ?
HEIN ?

SHÔTARÔ…
JE MEURS DE FAIM !

GROH
PAM
OUAH !
HA...
HA HA ! JE L'AI EU ! IL A BEAU ÊTRE MONSTRUEUX, JE LE SUIS AUSSI ! LE PREMIER À AGIR GAGNE ! PROBLÈME RÉGLÉ !!
J'AI DÉVORÉ DE NOMBREUSES PERSONNES !
JE SUIS SURPUIS-SANTE !
COMMENT J'AURAIS PU PERDRE FACE À QUELQUE CHOSE D'AUSSI RÉPU-GNANT !

CHRAK
CHRAK
QUELLE NOURRITURE BIEN BRUYANTE !
CHRA
CHRAK
CHRAK
POM
EN...
ENFOIRÉ !
TU VAS CRE-VER !
CRE-VER !
WOUH
WOUH

UH...
GRIC
GRIC
GRIC
ARGH
...
PAF
NI HOMME
NI FEMME...
COMME JE NE
POUVAIS ÊTRE
AUCUN
DES DEUX...
JE VOULAIS
SEULEMENT...
DEVENIR UNE
EXISTENCE...
QUI SURPAS-
SERAIT LES
DEUX...
FRO
QU'IMPORTE
CE QUE
TU ES !
ÇA N'A PLUS
D'IMPORTANCE
UNE FOIS
DANS MON
VENTRE !

CRIC
CRA
CRIC
CROCH
CRIC
CROCH
CRIC
CROCH
CROCH
CROCH
ÇA NE SUFFIT PAS !
J'AI FAIM !
C'EST INSUF-FISANT !
J'EN VEUX PLUS !
NOURRIS-MOI...
DE DÉMONS !
NOURRIS-MOI !

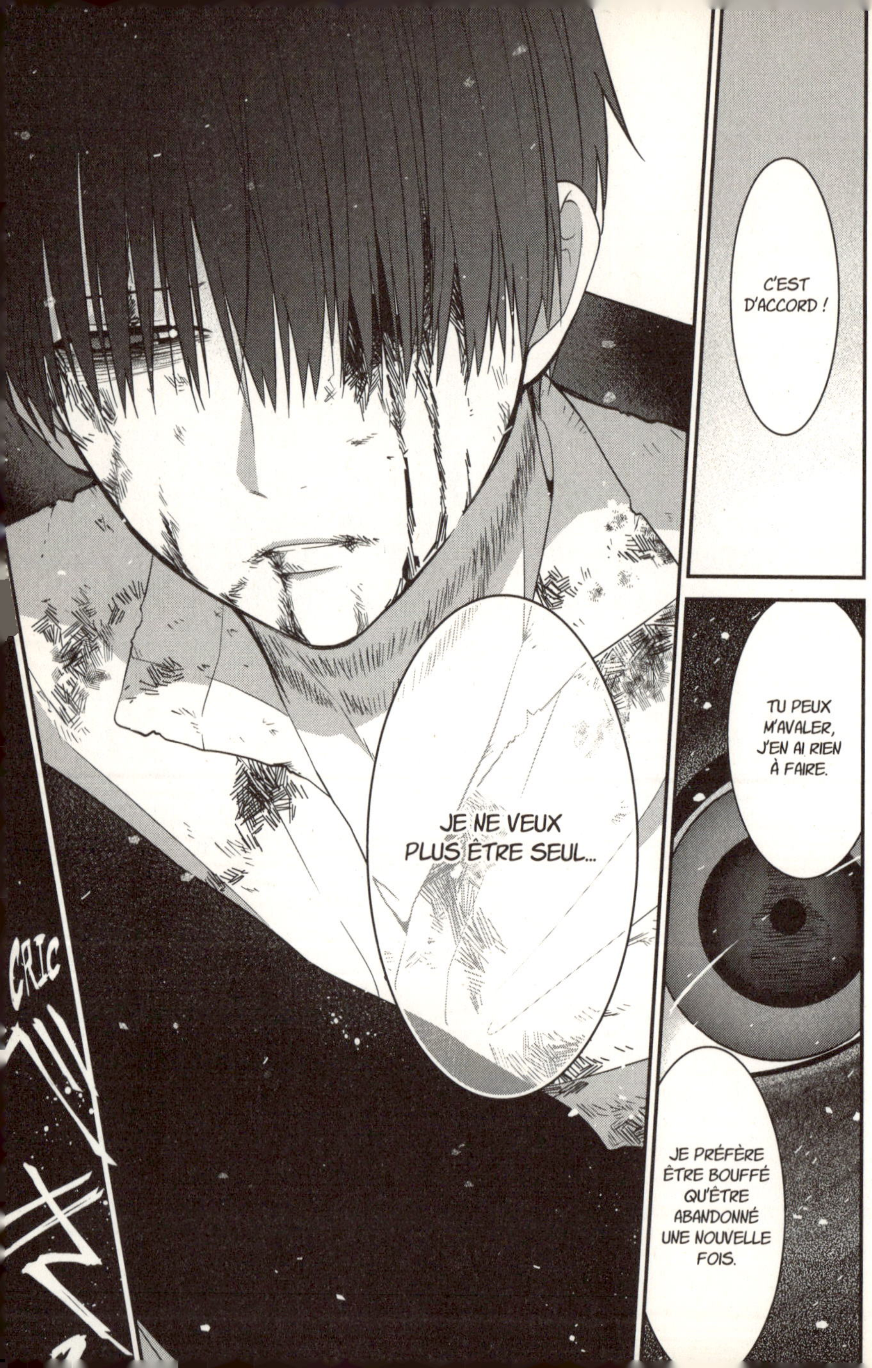
C'EST D'ACCORD !
TU PEUX M'AVALER, J'EN AI RIEN À FAIRE.
JE PRÉFÈRE ÊTRE BOUFFÉ QU'ÊTRE ABANDONNÉ UNE NOUVELLE FOIS.
JE NE VEUX PLUS ÊTRE SEUL...
CRIC

ÇA VA MIEUX, SHÔTARÔ ?
KI-YOSHI ...
KOF コホッ
DES INSECTES SORTENT DES LIVRES À CAUSE DE L'HUMIDITÉ LIÉE À LA SAISON DES PLUIES.
JE LES DÉTESTE. ILS ME DÉPRIMENT.
HA HA HA ! TU N'AIMES PAS LES INSECTES ?
NE DIS PAS ÇA. J'AI LU CERTAINS LIVRES SUR EUX.
[redacted] PAR EXEMPLE. IL DÉVORE LES [redacted] QUI SÈMENT LE MALHEUR DERRIÈRE EUX.
ZAASH
OH, C'EST VRAI !
JE T'AI APPORTÉ UN GRAND NOMBRE DE LIVRES.
TU NE DEVRAIS PAS T'ENNUYER AVEC TOUT ÇA, SHÔTARÔ.
LIS JUSQU'À CE QUE TU TE SENTES MIEUX.

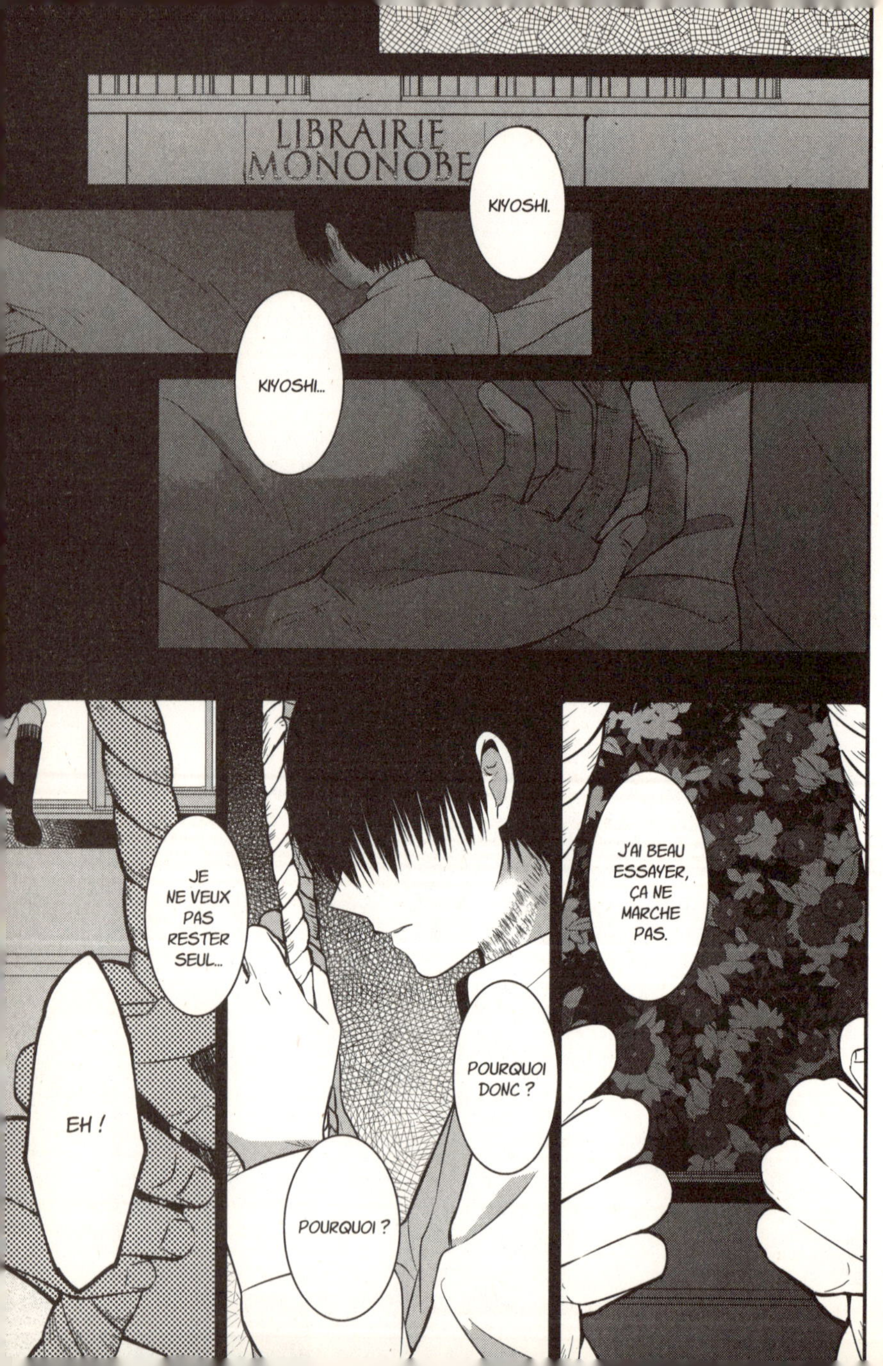
LIBRAIRIE MONONOBE
KIYOSHI.
KIYOSHI...
J'AI BEAU ESSAYER, ÇA NE MARCHE PAS.
POURQUOI DONC ?
POURQUOI ?
JE NE VEUX PAS RESTER SEUL...
EH !

CONFIE-MOI TA VIE, SI TU NE T'EN SERS PAS !
QUI EST-CE ?
D'OÙ IL SORT CE GAMIN ?
NON, C'EST FAUX...
JE SAIS QUI EST CET ENFANT.
JE L'AI TOU-JOURS SU.
SHIRO !

J'AI ENCORE MES DEUX BRAS.
MES JAMBES AUSSI...
DIS-MOI...
POURQUOI TU NE M'AS PAS DÉVORÉ ?
NE SOIS PAS PRÉSOMPTUEUX.
TU M'ES PLUS UTILE VIVANT QUE MORT.
C'EST TOUT.
JE VOIS...

...
AU FAIT...
COMBIEN DE TEMPS JE SUIS RESTÉ INCONSCIENT ?
CINQ JOURS.
HEIN, MAIS...
TOUTES LES FLEURS ONT FANÉ...
JE LES AI BOUFFÉS !
BOUF-FÉES...
もぐ MIAM
もぐ MIAM
...
TOUUUTES ?
FAUT BIEN MANGER QUAND ON A LE VENTRE VIDE.

...
GLOUP ごくん
HA HA...
JE VOIS !
EFFECTIVEMENT !
HU くす HU くす
?
HU HU...
IL EST TEMPS DE S'Y REMETTRE.
GLING カラン
OUVRONS LA LIBRAIRIE.
GLING カラン

MONSIEUR MONO-NOBEEE !!
QU'EST-CE QUI VOUS PREND DE FERMER BOUTIQUE PENDANT CINQ JOURS ?! RAAAAAH !
LA FERME, KONDÔ... JE N'AI PAS DE PLAINTES À RECEVOIR DE TOI.
J'EN AI DES TONNES POURTANT !
J'AI MIS LA MAIN SUR UN SCOOP INCROYABLE ! JE SUIS PASSÉ TOUS LES JOURS À LA LIBRAIRIE POUR VOUS LE FAIRE SAVOIR !!
PERSONNE NE T'A DEMANDÉ DE LE FAIRE !
PAM
J'AI ATTENDU DE LONGUES HEURES À CHAQUE FOIS DANS LA NEIGE ET DANS LE FROID !!
T'AS RIEN DE MIEUX À FAIRE ?!
AU FINAL, C'EST QUOI TON SCOOP ?
VOUS N'ALLEZ PAS LE CROIRE !
UN ANIMAL ENCORE INCONNU DES HOMMES...
SCO OP
A ÉTÉ APERÇU DURANT LA TEMPÊTE DE NEIGE !

UN GIGANTESQUE ANIMAL AURAIT ÉTÉ OBSERVÉ AU NIVEAU DU GRAND PONT.
IL FERAIT LA TAILLE D'UNE MAISON, SELON LES TÉMOINS !
IL S'EST ENFUI AVANT QUE QUICONQUE AIT PU LE DISCERNER CLAIREMENT.
NÉANMOINS, LA SOLIDE RAMBARDE DU PONT A ÉTÉ COMPLÈTEMENT DÉTRUITE, À L'ENDROIT OÙ S'ÉTAIT TENU L'ANIMAL !
LES GENS ONT MÊME ENTENDU UN GROS...
CRIC
D'APRÈS CE QU'ON M'A DIT !
...
C'EST SÛR ! IL S'AGIT D'UNE NOUVELLE ESPÈCE !
JE FINIRAI PAR DÉCOUVRIR L'ENDROIT OÙ ELLE SE TERRE !
SHIRO, MONONOBE ! PRÉPAREZ-VOUS À ÊTRE SURPRIS À LA SORTIE DU PROCHAIN MAGAZINE !
HUM... J'ATTENDRAI SANS GRAND ESPOIR.
EXCUSEZ-MOI !
GLING